リモート・ビューイング

スターゲイト計画の全貌と第三の目を覚醒させる方法

ラッセル・ターグ　岡昌広［訳］　徳間書店

序文

私はかつて、アメリカ陸軍でサイキック能力を用いた諜報活動を行っていました。これはフィクションではありません。サイキック・スパイは実在したのです。私が大尉として陸軍に所属していた期間は七年間。まずは訓練を受けるところから始まりました。やがて私は超感覚的知覚《ESP》を使い、遠隔透視の技術を用いて国内外の諜報活動を行うようになりました。軍に入隊して訓練を受けるまで、私は自分にそのような能力が秘められていることすら知りませんでした。離れた場所を遠隔透視するその能力は〝リモート・ビューイング〟略してＲＶと呼ばれています。

本書の著者であるラッセル・ターグが冒頭で述べているように、リモート・ビューイングという言葉はニューヨークの偉大な芸術家であり超心理学の研究者でもあったインゴ・スワンによって命名されました（実は、私はその本人から直接リモート・ビューイングの手ほどきを受けました。スワン氏はもちろんのこと、アメリカ軍に資金提供していた当時の納税者の方々にも生涯にわたり感謝を捧げます）。

　簡単に言えば、リモート・ビューイングは人の意識のある領域を活用したスキルで、訓練によってだれでも行うことができるようになります。私たち人間には、距離や遮蔽物に隔てられた人や物、さらには過去や（ある程度先の）未来の出来事を知覚することのできる能力が秘められているのです。私はこのスキルを〝訓練によって習得できる透視能力《クレアボヤンス》〟と表現しています。

　当時のアメリカ軍では、陸軍士官や下士官、職員のなかから選ばれた人間がこの能力を用いてソ連の研究機関や先進兵器、科学研究所を透視するように命じられ、諜報活動を行っていました。そして、私もその一人でした。レバノンでイスラム教シーア派民兵組織ヒズボラに捕らえられた人質を捜索し、アメリカ沿岸から出航する麻薬密売船を追跡し、さらには中国の核実験の偵察や、クレムリンに侵入して新たな防衛技術を探るという任務も担いました。

もちろん、ときには失敗を経験したこともあります。でもその一方で、サイキック能力が完璧な働きをしたケースも多く、目を見張るような成果が得られたこともあります（特に印象的だったものは本書のなかで紹介されています）。懐疑的な人は、そもそもサイキック能力などあるはずがないと笑うでしょう。でも、私も自分たちが残した確固たる実績の多さに笑ってしまいました。

私がサイキック・スパイとして活躍できたのも、本書の著者であるラッセル・ターグのおかげです。ラッセルとカリフォルニアの有名なシンクタンクであるＳＲＩインターナショナル（当時の名称はスタンフォード研究所）の仲間たちは、現代科学の潮流に逆らう勇気を持っていました。彼らの職務は、アメリカの情報機関でも塞ぐことのできない、この国の防衛の穴を埋めることでした。それを見事に遂行した彼らの存在がなければ、私もサイキック・スパイになる機会を得られなかったことでしょう。

一九六〇年代から一九七〇年代初頭にかけてＣＩＡ（中央情報局）が抱いていた懸念は、ソ連がサイキック能力の研究に巨額の軍事費を投入していることでした。しかし西側諸国の専門家たちは一様に、科学的根拠がない分野だとしてその動きを軽視していました（彼らにとって、科学で説明できないことは幻想《ファンタジー》と同義なのです）。そこでCIAは一九七二年の秋、SRIの物理学者であるハロルド・パソフの研究室を訪ねます。CIAのエージェントたちは元手として彼に五万ドルの小切手を渡し、ソ連がいち早く着手した非科学的な研究について調査するプロジェクトの立ち上げを依頼したのです。

ハロルドはちょうどその少しまえに、長年こうしたテーマに関心を寄せていたラッセル・タープと知り合っていました。ラッセルはSRIに招かれ、ハロルドのパートナーとしてサイキック・スパイのプロジェクトを立ち上げます。のちに〝スターゲイト〟と呼ばれるこのプロジェクトは冷戦の終結とともに打ち切られるまでの二十三年間、アメリカ政府によって施行され、歴史にその名を残すことになります。

私が果たすべき役割は、この驚くべき本を読者のみなさんに簡単に紹介しながら、その背景を明らかにして次の章へと案内することです。

ジャーナリストによって書かれた〝CIAのスターゲイト・プロジェクト〟に関す

る記事は、その多くが雑然とした内容から始まり、そこからさらに混乱していきます。これはスターゲイト・プロジェクトという名称から、単一の計画だと決めつけて考えていることが原因かもしれません。でも、それがそもそもの間違いなのです。まず、このプロジェクトがスターゲイトと呼ばれるようになったのは、立ち上げからかなり時間が経ってからのことであり、それ以前はプロジェクト名が何度も変わっています。いくつか挙げてみると、スキャネート、グリル・フレイム、サン・ストリークなど、どれも不可解な名称ばかりです。スターゲイトという呼び名が定着したのは、それがこのプロジェクトが世に知られることになったときの名称だったからだと思われます。

スターゲイト・プロジェクトは、並行しながらもつながりのある二本の軸から成っていると捉えるのがもっともわかりやすいと思います。二本の木の幹が一つに絡み合っているというイメージです。一本目の軸はスターゲイト・プロジェクトの研究部門であり、サイキック能力、とりわけリモート・ビューイングについての調査を行うために設けられました。ＳＲＩを拠点にラッセルとハロルドの主導で始められたこの研究は、当初はＣＩＡとの契約によって資金提供を受けながら進められ、のちにさまざまな分野へと発展していく基盤となります。

しかし一九七五年、ＣＩＡはＳＲＩのプロジェクトを手放さざるを得なくなり、その後の資金提供と指揮権は、アメリカ空軍から陸軍、そして国防情報局（ＤＩＡ）と、国防総省のさまざまな所管に引き継がれていきました（ラッセルは国防情報局とリモート・ビューイング研究の長年にわたる関係のきっかけとなった、ジェームズ・ウィリアムズ中将への尊敬の念をよく口にしています）。

その後、スターゲイト・プロジェクトは再びＣＩＡに移管されることになりますが、残念ながら、このプロジェクトがＣＩＡによって施行されることは二度とありませんでした。スターゲイトはＣＩＡのプロジェクトとして広く知られていますが、ＣＩＡが担った最後の役目は、一九九五年六月にこの計画を廃止することだったのです。スターゲイト・プロジェクトに携わっていた私たちの心中を言い表すなら、世話ができなくなったため次々と飼い主が替わっていった犬のような気持ちだったと言うほかありません。そして所有権を取り戻した最初の飼い主がしたのは、犬を撃つことでした。遺恨はあるかって？　それはまあ、ないと言えば嘘になります。

施行されていた当時、SRIで行われていた研究（のちにSAICのエドウィン・メイ博士に引き継がれます）は実証が済むと、スターゲイトのもう一つの軸であった軍事部門の〝サイキック・スパイ〟ユニットに適用するべく、顧客である国防総省に提供されました。そのなかには、運用（つまり実用）に適したものもありましたが、SRIでラッセルと彼の同僚たちが行っていた研究の大部分は科学的なものでした。本書の執筆にあたってラッセルが掘り起こしたのは、主にそういった研究結果とそこに至るまでの彼の経験です。

一方、スターゲイト・プロジェクトの軍事部門は、ライト・パターソン空軍基地でアナリストのデール・グラフのもとで施行されたのち、一九七〇年代後半にはメリーランド州のフォート・ジョージ・G・ミード陸軍基地に置かれました。その後は、いくつかの変遷を経てその活動を終えることになります（官僚的で退屈な詳細については割愛します）。

この軍事部門は当初、アメリカ陸軍情報保全コマンドの管理下にありましたが、一九八六年初頭にはワシントンD.C.のボーリング空軍基地に置かれた国防情報局本部に移管されます。もっとも、実際にリモート・ビューイングを行うサイキック・スパイ・ユニットはフォート・ジョージ・G・ミード陸軍基地に留まっていました。

私たちスターゲイト・プロジェクトのリモート・ビューワーは、二十のインテリジェンス・コミュニティーと軍事機関のために、二千五百以上の情報収集任務を遂行しました。そこには国家安全保障局、統合参謀本部、シークレットサービス、麻薬取締局(DEA)、在韓アメリカ軍、陸軍の脅威分析部、国家安全保障会議なども含まれています。皮肉にも、私たちにもっとも多くの情報収集任務を依頼したのは最終的にスターゲイト・プロジェクトを終結させた機関、つまりCIAでした。

連邦議会がスターゲイトを再びCIA(前述の通り、このプロジェクトをその後すぐに廃止します)に移管するまでは、国防情報局がSRIの研究(のちにSAICに移る)を指揮し、資金提供を行っていました。このときの研究はリモート・ビューイングの発展だけでなく、人間の意識に関する科学を飛躍的に進歩させることにも貢献しました。ラッセルと彼の同僚たちの深い洞察力は、世界中のさまざまな人たちに恩恵をもたらしたのです。

ラッセルには独自の計画もありました。彼は政府との契約によって厳重なセキュリティ体制が敷かれた環境より、もっと自由に研究を行える環境を求めていたのです。そして一九八二年、彼は十年間在籍したＳＲＩを退職し、次の活動へと手を伸ばします。それ以来、彼は決して振り返ることなく未来を見据えてきました。

私との会話のなかで、ラッセルは本書をリモート・ビューイングの資料集と表現していました。映画監督兼プロデューサーのランス・マンギアがラッセルを中心に描いたドキュメンタリー映画『Third Eye Spies』が成功したことから、彼は関連書籍を出版しようと思い立ったのだそうです。ラッセルは本書をキャンバスに見立て、映画のなかに登場した写真やインタビューをちりばめています。

本書に収録されたエピソードや写真には映画で紹介し切れなかったものもあり、リモート・ビューイングをより詳しく知ることができます。映画をご覧になった方なら、本書を本棚から取り出せば、いつでも内容を思い出したり、気になるシーンを振り返ったりすることができるでしょう。まだ観ていないという方は、ぜひ映画の方もチェックしてみてください。

本書のなかでもっとも読者のみなさんの興味を掻き立てるのは、予知能力（未来の出来事や情報を知る能力）を扱った章や、基礎的なリモート・ビューイングのやり方を説いた章かもしれません。特に後者は実践に役立つヒントが満載です。こうしたスキルを開発してみたくても、なにから始めたら良いかわからないという人は多いのではないでしょうか？　まだ試したことがないけれど、最初の一歩を踏み出したいと思っている方に向けて、本書にはリモート・ビューイングのわかりやすく手軽なガイダンスが掲載されています。イタリアの主婦からアメリカのビジネスマンまで、数多くの人を初めてのリモート・ビューイング体験へ導いてきたラッセルのノウハウを余すところなく知ることができます。

ラッセルはいま、長かった人生もいよいよ終盤に差し掛かっていると感じています。年齢を重ね、いつしか自分も高齢者になったと感じたことで、彼は大切な思いをまとめ、記録しておきたいという衝動に駆られました。それは多くの人にとって共感できるものだと思います。本書はそうした意味でも、読者のみなさんの記憶に残る一冊になることでしょう。

ポール・H・スミス博士（アメリカ陸軍少佐、退役）
二〇二一年四月
ユタ州、シーダーシティにて

contents

はじめに

　私は五十年以上にわたって、多くの人にサイキック能力を開発する方法を教えてきました。すべては一九七二年、スタンフォード研究所（現ＳＲＩインターナショナル）で超感覚的知覚《ＥＳＰ》の研究プロジェクトを立ち上げたことから始まりました。このプロジェクトはＣＩＡ（中央情報局）から資金提供を受けて実現したものです。私たちはＣＩＡの期待に応えるべく、実験者と被験者の双方が透視対象《ターゲット》を知らされていない二重盲検法《ダブル・ブラインド》での実験を繰り返し、大きな成果を上げてきました。こうした実験のなかで、私たちはソ連の兵器工場を偵察し、中国の原爆実験の失敗を察知し、アフリカに墜落したロシアの爆撃機を発見し、さらには拉致されたアメリカ当局者数名の居場所を突き止めてきました。そのなかには、イラン・アメリカ大使館人質事件で救出された駐在大使や、イタリアの極左テロ組織〝赤い旅団〟に連れ去られたアメリカ人将校もいます。また、プロジェクトの立ち上げから間もない頃にも、パティ・ハースト誘拐事件の首謀者を特定したことでバークレー警察から感謝状を贈られました。

プロジェクトが大きな成果を上げたことで、私たちは一九七八年にアメリカ陸軍から要請を受けて六名の情報士官の訓練を行い、スターゲイト・プロジェクトとして知られる陸軍のサイキック能力者ユニットを創設しました。そして一九九五年までの間、このスターゲイト・プロジェクトは軍に有益な機密・極秘情報を提供することになります。私が本書を執筆したのは、PSI《サイ》、つまり現代的に言えばESPはその存在すら怪しいという誤解を解きたいという思いからです。私たちの研究所での実験や機密任務で、サイキック能力は驚くほど正確で信頼性が高く、有用な能力であることが証明されています。本書では、私たちのプロジェクトに参加し、すばらしい功績を残した才能あるリモート・ビューワーたちを紹介していますが、彼らの多くはそれまでこうした能力とは無縁だった人たちです。

リモート・ビューイングとは、過去、現在、未来という時間の概念を超えて、離れた距離に存在する人や物、場所、出来事などを意識の力で知覚する能力を言います。こうしたサイキック能力には、その存在を証明する確かな証拠があり、それを否定することは統計的にも無理があります。さらに世界中の研究施設のデータによって、リモート・ビューイングの精度や信頼性はどんなに距離が離れていても低下しないことが示されています。リモート・ビューワーにとってシベリアを透視することは、近所の公園を視《み》ることとなにも変わらないのです。それと同様に、数時間後、数日後に起きる出来事を説明することも、いま目のまえで起きていることを説明するのと変わりません。たとえば、私たちは銀の価格推移の予測を九回連続で的中させ、自分たちはもちろん、周りの投資家にも二十五万ドルを稼がせたこともあります。そう、未来は知ることができるのです。

人間には限界があるように思えますが、私は五十年に及ぶサイキック能力の研究と体外離脱の検証の結果、私たちの意識は時間と空間を超越した無限の力を秘めていると確信するに至りました。これは、スタンフォード研究所（ＳＲＩ）が実施した二十年以上にわたるリモート・ビューイング研究の結論でもあります。こうした研究を通じて、私は世界中の多くの人にサイキック能力を開発する方法を教えてきました。本書を読んでくださっているみなさんにとっても、このリモート・ビューイングの資料集が、その道標となることでしょう。

リモート・ビューイングは、私たちの存在が単なる肉体ではないことを教えてくれます。私たちの真の姿は時間に縛られることのない不滅の意識であり、毎朝目にする鏡に映った姿ではないのです。鏡のなかの姿こそ自分自身だと信じて疑わなければ、必要のない苦労をすることになるかもしれません。私にとって生きることの意味は、時間という概念を超えた私たちの根源的な意識を体験し、それを伝えていくことだと思っています。本書が読者のみなさんをその体験へと導くことを願っています。

芸術家にしてサイキック能力者でもあった
インゴ・スワン（図1）

第1章

インゴ・スワン
：リモート・ビューイングの父

〝人間のサイキック能力は本当に驚くべきものです。そこにはほとんどの人が思いもよらないような、途方もない力が秘められています〟

――インゴ・スワン

インゴ・スワンは生涯にわたってサイキック能力の実践に取り組み続けた人物で、スタンフォード研究所（ＳＲＩ）ではリモート・ビューイングの父と呼ばれていました。ニューヨーク出身の幻視芸術家でもあったインゴから、私たちはサイキック能力のシグナルとメンタルノイズを分離して情報を知覚する方法を学びました。インゴが言うところのメンタルノイズ、またはＡＯＬ（アナリティカル・オーバーレイ）とは、意識に浮かんだイメージを自分なりに分類・解釈しようとすることによって生じる混乱を指します。最初に浮かんだイメージには、正しい情報の貴重な断片が含まれているかもしれません。でも、分析的な思考によってその一部が覆い隠されてしまうのです。

ここで、まだ経験の浅かったリモート・ビューワーが、浮かんできたイメージに自分なりの解釈を加えてしまった例を紹介します。ある日のリモート・ビューイングのセッションで、彼女は浮かんだイメージをそのまま描写するのではなく「ターゲットの男性がどこにいるかわかりました。現在、メイシーズ百貨店にいます」と言いました。それを聞いた私は「なんだかリモート・ビューイングらしくないですね。どうしてそう思ったのか説明できますか？」と訊きました。すると彼女は「たくさんのコートハンガーが棒にかかっているような光景が見えたので、そう解釈しました」と答えたのです。そこで私は、実際に見たイメージを紙に描いてもらうことにしました。彼女はコートハンガーが一列に並んでいるスケッチを描きましたが、それはこのテストの実際のターゲットだった歩道橋によく似たものでした（69ページ、図19を参照）。

こうしたメンタルノイズという概念は、もっとも古いものでは八世紀頃、インドからチベットへと渡った密教行者パドマサンバヴァが著した『Self-Liberation through Seeing with Naked Awareness（ありのままの意識で観ることによる自己解脱）』という書のなかに見られます。それから一二〇〇年以上の時を経て、インゴ・スワンは命名、推測、解釈、記憶、分析、想像はすべてメンタルノイズの源となり、リモート・ビューイングでのサイキックシグナルの受信を妨げるという、とても重要な考えを説きました。とりわけ、ターゲットを推測したり先入観を持ったりするのは避けなければなりません。インゴは著書のなかで〝サイキック能力の三つの要素が、すべてバランスよく調和して機能することが重要だ。その三つの要素とは、思考、感覚・感情の感知、そして直感であり、これらの要素によって、私たちはサイキック能力の啓示の道へと導かれる〟と述べています。（注1）

パドマサンバヴァは、人は制限されることのない意識、時間という概念をも超えた意識を追い求めるべきだと説いています。これはつまり、自己中心的なエゴに基づく渇望や恐れにとらわれた意識から、自由で広大な意識への移行を意味しています。リモート・ビューイングはまさに、そんな時間を超越した意識によるものと捉えることができます。そして、そこに堅苦しい教義はありません。深呼吸をして目を閉じたら、ただ意識のなかに浮かんでくるイメージを観察するだけです。人の本質は時間を超越しているので、その意識はどんな因果関係にも縛られることはないのです。

インゴがこのリモート・ビューイングによる意識の解放を見せてくれたのは、私たちの研究所を訪れた二人のＣＩＡの工作員から、指定の座標で三日後になにが起こるかを透視するよう依頼されたときでした。インゴは意識を集中すると、花火大会のような光景が見えると言い、それをスケッチする色鉛筆を用意するよう私たちに指示しました。そして「美しい閃光が空に向かって上昇していて、その背景にはトラックが何台も並んでいるのが見える。独立記念日を祝う花火のような光景だ」と説明を続けます。それを聞いたＣＩＡの工作員たちは、彼が見ているのは原爆実験が失敗に終わった光景だと解釈したようでした。キノコ雲が発生せず、ただウランが空で燃えている様子と捉えたのです。そして三日後、私たちのプロジェクトに関わっていたＣＩＡの職員によって、原爆実験が現実になったことが確認されました。

一九七三年五月二十九日、私たちのプロジェクトの歴史のなかでも極めて重要な出来事が起こりました。この日、リモート・ビューワーを務めていたインゴ・スワンが、ウェストバージニア州シュガー・グローブに国家安全保障局（ＮＳＡ）の極秘施設があることを発見したのです。それは政府によって設けられた、ソ連の衛星通信の傍受

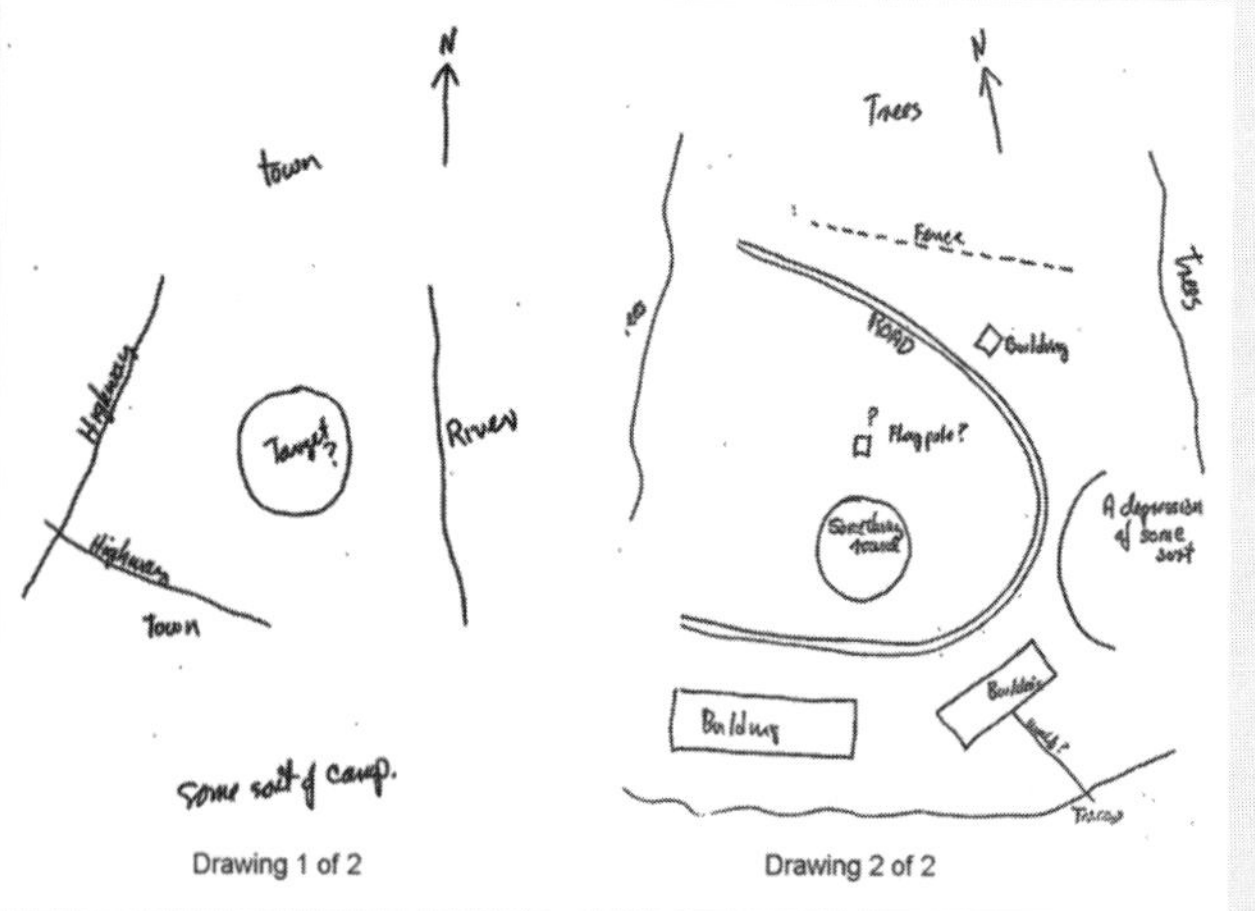

図2／インゴ・スワンによる国家安全保障局（NSA）の衛星通信傍受施設の図面。すべてが詳細に描かれている。

を目的とする施設でした。のちのニューヨーク・タイムズ紙によれば、私たちが実験を行っていた当時、シュガー・グローブのこの施設ではアメリカ東部に入ってくる国際通信のほぼすべてを傍受・処理していたそうです。

この事件の発端は、私たちの研究に興味を持っていたCIAアナリストのキット・グリーン博士が、リモート・ビューイングのターゲットとして地理座標を持ち込んだことでした。もっとも、本来その座標が示していたのは森のログハウスです。でも偶然にも、そのログハウスの近くに国家安全保障局の極秘施設が存在していたのです。インゴがサイキック能力で知覚したのは、とてもログハウスとは思えない光景でした。「なだらかな丘と、芝生、それから旗のポールが見えるよ。周囲には地下貯水槽のような昔の貯蔵庫がある。これは軍事基地かなにかかもしれないな」とインゴは言い、大きな丸い物体の付いた建造物をスケッチしました。それはのちに、実際にこの施設で稼働しているマイクロ波のレーダーアンテナであることが判明します。そしてインゴだけでなく、この日参加したもう一人のリモート・ビューワーであるパット・プライスも同様の施設を知覚しました。両者ともに、本来のターゲットであるログハウスではなく、近くの極秘施設に意識の照準を合わせていたのです。

インゴは意識に現れたイメージをもとに、その施設の周辺の様子とレイアウトをスケッチしました。一方、パット・プライスは千五百フィート上空に意識を飛ばすという、インゴとは異なる手法で周辺の敷地を観察しました。さらに彼の意識は地下作業室にも潜り、サイキック能力でキャビネットの扉を開いて極秘書類をいくつか読んでいます。それらの書類のフォルダには〝キュー・ボール〟〝エイト・ボール〟〝フォー・ボール〟〝エイティーン・ボール〟〝ラック・アップ〟など、ビリヤードに関連する言葉がコード・ワードとして書かれていました。（注2）

パットは机の上にも何冊かのファイルが置かれているのを発見しています。すべて緑色のファイルで、ラベルには〝フライ・トラップ〟や〝ミネルバ〟と書かれていました。それらは特別アクセスプログラムの一部で、最高機密に分類されているものでした。そこで機密であるその施設の名称も〝ヘイ・フォーク（干し草用熊手）〟であることが明らかになりました。のちにCIAと国家安全保障局によって、それらのファイルやコード・ワードはその当時実際に使われていたものであることが確認されています。ドキュメンタリー映画『Third Eye Spies』には、CIAのキット・グリーン博士とケン・クレスによって、SRIが遠隔透視した特別アクセスのコード・ワードが実在したことが確認される様子が収められています。

私たちがこの施設を発見したことは大きな波紋を呼びました。国家安全保障局は激怒し、すぐにCIAを糾弾しました。国家安全保障局からすれば、CIAがカリフォルニアのサイキック集団を雇い、自分たちの最重要機密施設を探らせているように見

図3／ウェストバージニア州シュガー・グローブ。マイクロ波のレーダーアンテナが設置された国家安全保障局（NSA）の通信傍受施設。

えたのです。その三日後、両機関はSRIに職員を派遣し、私たちのリモート・ビューワーがどうやって特別アクセス・ファイルを閲覧したのかを調査しました。そこで私が何度も尋ねられたのは「リモート・ビューイングで地下の金庫にある最高機密のファイルを読めるのなら、大統領のポケットに入っている核兵器の発射コードも簡単に読めてしまうのでは？」ということです。実際のところ、私たちのプロジェクトに対して情報機関が恐れていたのはそこだったのです。

シュガー・グローブの極秘施設を発見したことは、結果的に私たちがＣＩＡとの最初の契約を交わすきっかけとなりました。その後、ＣＩＡは二十二年間にわたり、私たちに資金を提供してくれることになります。なぜ私たちが極秘施設を発見することができたのか疑問に思った国家安全保障局の職員は、パットに「あなたとインゴはログハウスの座標を透視していたはずなのに、なぜあのレーダーサイトに行き着いたんですか？」と尋ねました。するとパットは簡潔に「なにかを隠すことに注意を払えば払うほど、サイキック能力ではそれが灯台《ビーコン》のように輝いて見えるようになるんだ」と答えました。

この一件の後、インゴは再び地理座標だけを頼りに行うリモート・ビューイングを試みました。このときも彼はシュガー・グローブと同じように、周辺地図をスケッチしています。それは、細かいところまで描写された小さな島の地図で、海岸には岩が多く、島の左側に山地、右側には小さな空港と貯蔵タンクが描かれていました。彼は、遠く離れたインド洋南西部に浮かぶケルゲレン島を正確に描写していたのです。私たちでは島の詳細を確認することができないため、ＣＩＡに依頼して空港や滑走路の存

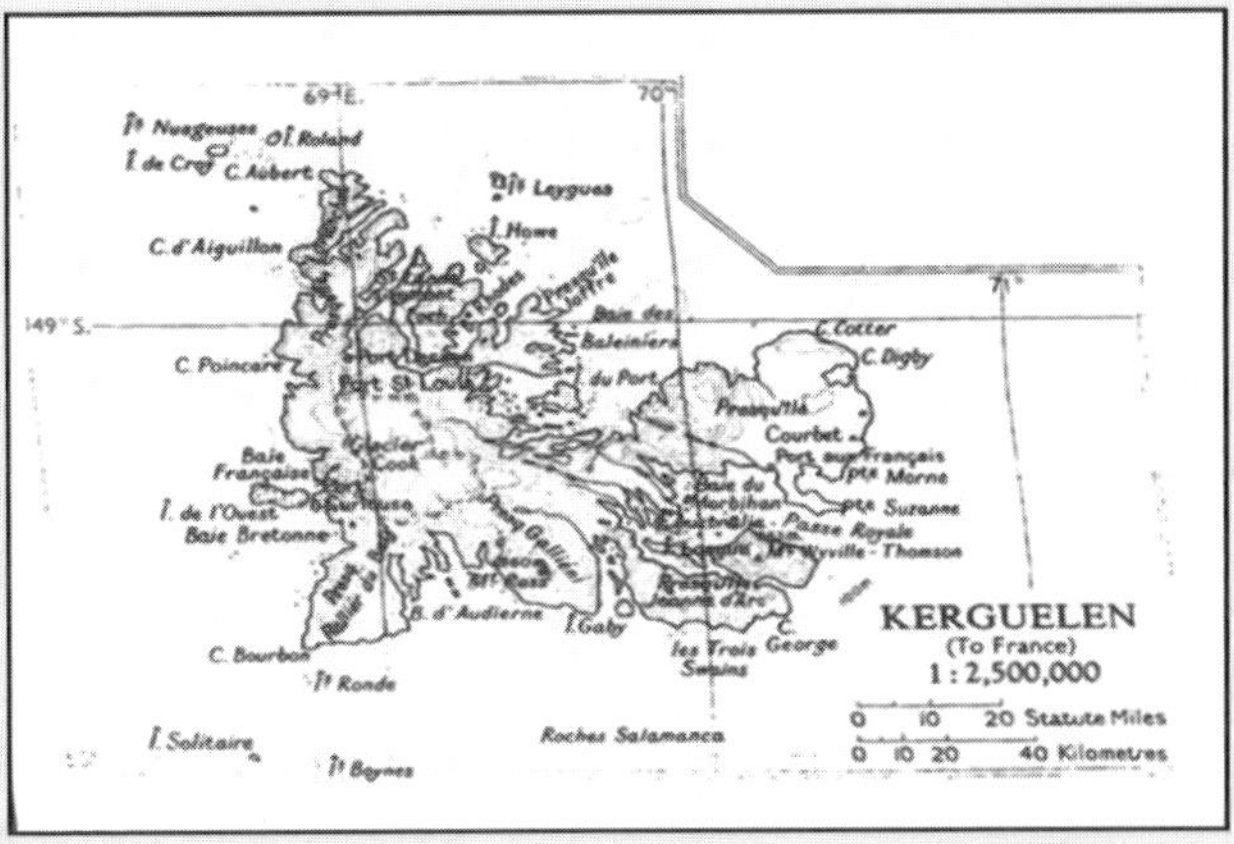

図４A／ナショナルジオグラフィックによるケルゲレン島の地図。

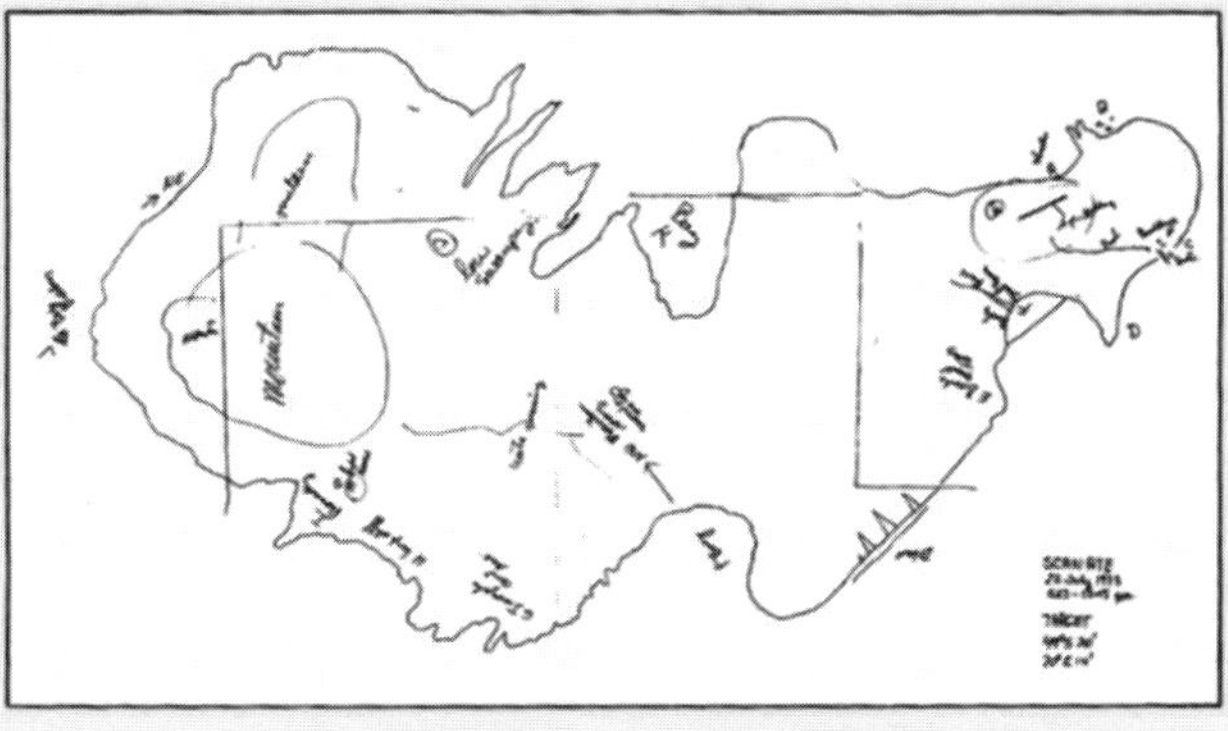

図４B／インゴ・スワンがスケッチしたケルゲレン島。

図5／現行の〈ESP Trainer〉アプリ。

在を検証してもらうことになりました。インゴがこの島のことを詳しく知っているはずがありませんし、調べる手段もありません。もちろん、実験は情報がなにも得られない状況下で行っています。今日では〈Google Maps〉や〈Google Earth〉などがありますが、それらを使っても空港は見えません。そしてインゴのリモート・ビューイングの結果はすべてCIAによって検証され、またしても非常に正確であることが証明されました。

一九七三年四月、私たちはNASA（アメリカ航空宇宙局）の新プロジェクトの管理者だったアート・リーツの訪問を受けました。その日、私とインゴは彼を交えた三人で、ESPトレーニング・マシンのテストを行うことになっていたのです。そのマシンは私が制作したもので、ＥＳＰを働かせることができるとベルが鳴るという仕組みになっています。ちなみに私は近年も〈ESP Trainer〉（App Store または Google Play ストアで入手可能）と〈Stargate ESP Trainer〉（App Store のみで入手可能）という二つのＥＳＰトレーニングアプリを制作しています。

その日の会話のなかで、アートはインゴに、新しいパイオニア探査機が七ヶ月後に木星に接近するが、なにか驚くような発見はあるかと訊きました。インゴは葉巻をくわえて椅子に深く腰掛け、煙を燻《くゆ》らせると、クリップボードとペンを貸してくれと言います。そして、木星の周りには氷の結晶の環があると説明を始めました。木星は地球から五億マイル（約八億キロ）も離れているので、当時はまだ環の存在は観測されていません。アートは「それは土星じゃないのか？」と尋ねました。するとインゴは「私はこれまでもずっと太陽系を視《み》てきたから、木星と土星の違いはよくわかっているよ」と答えたのです。

次ページの図６Ａは、その七ヶ月後に木星に接近したＮＡＳＡのパイオニア探査機

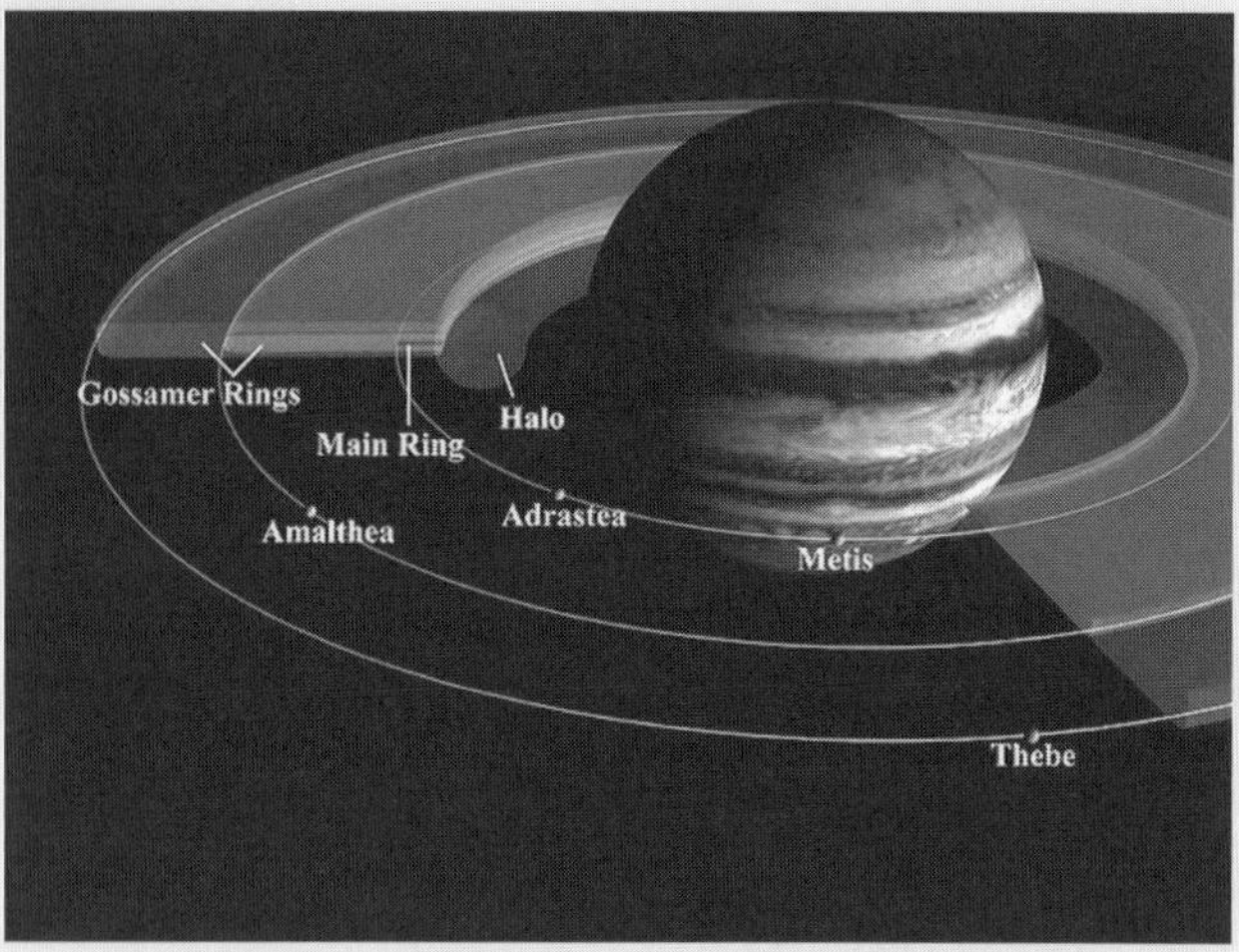

図6A／NASAによる木星と新たに発見された環のイラスト。

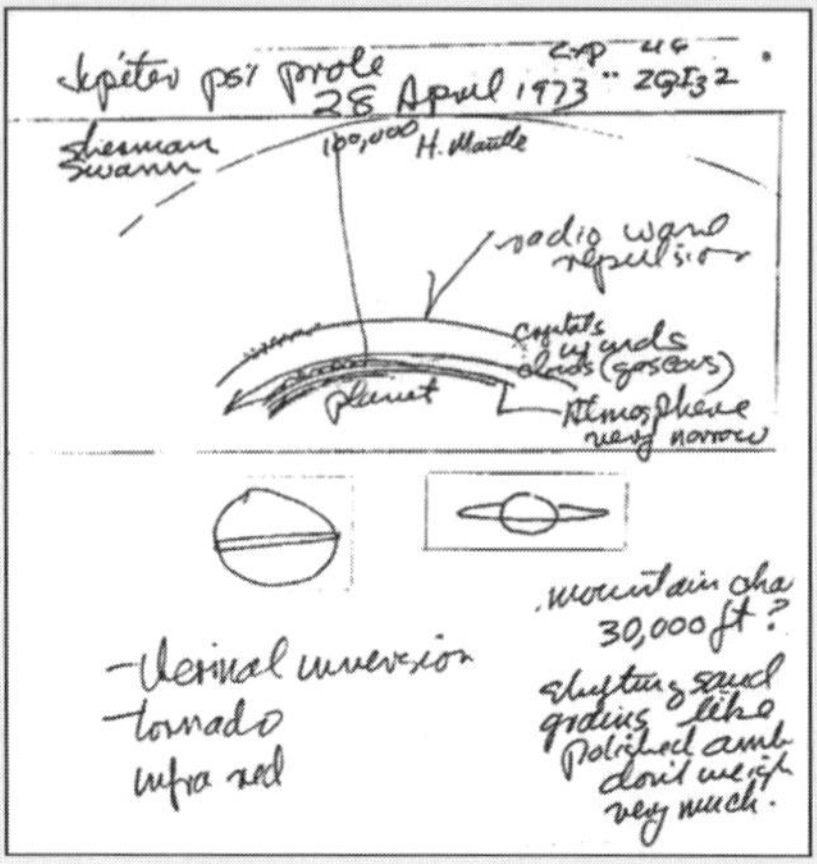

図6B／木星の環が初めて観測される7ヶ月前に
インゴ・スワンが描いたスケッチ。

が撮影した画像をもとにしたイラストです。図６Ｂのインゴによるスケッチには、それまで発見されていなかった環と氷の結晶が描かれています。

私の友人のステファン・シュワルツはリモート・ビューイングの研究者で、インゴ・スワンや皆の共通の仲間でサイキック能力者のヘラ・ハミッドと十年以上にわたり研究を続けていました（ヘラのエピソードは第４章で紹介しています）。本書を執筆するにあたって、ステファンはそんな気の置けない素敵な仲間たちとの思い出話を寄稿してくれました。彼はインゴについてこう語っています。

〝ディープ・クエスト調査（サンタ・カタリナ島をターゲットにしたリモート・ビューイング）を行っていた頃、予定していた二人のリモート・ビューワーが数日前になって急に参加できなくなったことがありました。強いサイキック能力を持つアラン・ヴォーンはインフルエンザにかかり、経験豊富なリモート・ビューワーのジョージ・マクマレンは勤務先のクライスラー販売代理店の同僚がしばらく欠勤のため、代わりに出勤しなければならなくなったのです。ちょうどその少しまえに、私はＳＲＩの物理学者であるエド（エドウィン）・メイ博士からインゴ・スワンを紹介されていました。エド・メイ博士とインゴ・スワン、そしてハロルド・パソフは当時サイエントロジストで、私に会うためにカリフォルニア州ハリウッドのサイエントロジー教会セレブリティ・センターまで足を運んでくれました。もともとインゴのことはラッセルからよく聞いていて、会えて嬉しかったのを覚えています。私たちはすぐに意気投合したので、アランとジョージがディープ・クエスト調査に参加できなくなったとき、インゴが真っ先に頭に浮かびました。そして、彼の推薦でヘラにも参加を呼び掛けました。この出来事をきっかけに、インゴは正式にメビウス・ソサエティ（ステファンの研究チーム）のリモート・ビューワーになりました。

彼はロサンゼルスのサイエントロジー教会に来る際には、よく私たち家族のところに滞在していました。私たちは多くの時間を一緒に過ごしましたが、彼はとても面白い男で頭脳明晰、興味深い本を何冊も書いている良い書き手でありながら、リモート・ビューワーとしても本当に優秀でした。彼はＬＧＢＴということで、少年時代はよくいじめられていたそうです。でも大人になってからは自分に自信が持てるようになり、自己主張もできるようになったと聞きました。陸軍に雇われてリモート・ビューイングを教えることになり、彼とハロルドはSRIのスターゲイト・プロジェクトの一環として、だれにでも行えるリモート・ビューイング（CRV）の手順を考案しました。このとき彼は、少年時代なら自分をいじめていたかもしれない陸軍の男たちの上に立つ存在になっていたのです。インゴはそんな現状に対して皮肉を感じると同時に、満足感もあったようです。おそらく私たち科学者のだれよりも、リモート・ビューイングの発展に貢献したのはインゴです。事実、彼はリモート・ビューイングという言葉の名付け親であり、その働きを私たちに実証してみせました。インゴ・スワンこそ、リモート・ビューイングの父と呼ぶにふさわしい人でした〟

1875年に設立された神智学協会の重要人物（図7）
（左から）ヘレナ・ブラヴァツキー、チャールズ・レッドビーター、
アニー・ベサント

第2章

ヘレナ・ブラヴァツキー：一九世紀の透視能力者《クレアボヤント》

ヘレナ・ブラヴァツキーは一八三一年ロシア生まれの作家、哲学者であり、霊能者でもありました。神智学を創唱して、一八七五年にニューヨークで神智学協会を設立した人物の一人として有名です。その目的の一つは〝自然の法則と人間に秘められた能力を探求すること〟であり、彼女が研究していた潜在能力には念力《サイコキネシス》や精神感応《テレパシー》、透視能力《クレアボヤンス》などが含まれていました。それらは私たちが研究を進めてきた時間と空間を超えたリモート・ビューイングの前身的な能力であり、今日でもリモート・ビューワーに用いられています。

ブラヴァツキーはインドに移住し、仏教とヒンドゥー教の哲学を学びますが、そこで悟りに達したヒマラヤの師《マスター》たち（彼女がインドからヨーロッパに戻ったあとも連絡を取り合っていたとされています）からもたらされた神智学こそ、科学と宗教、そして哲学の融合であると考えました。ブラヴァツキーはすべての存在が本質的には一体であるというワンネスを信じ、あらゆる宗教が生まれるまえ、そして現在のすべての宗教の根底には、不可知の神聖なる源《ディヴァイン・ソース》からもたらされた古代の知恵があると感じていました。それから百五十年近く経った現在でも、世界中の主要都市に神智学協会の支部があります。私自身もかつては、ニューヨーク東五十三丁目にある美しいニューヨーク・シティ支部に在籍していました。そのときのエピソードは第9章で紹介したいと思います。

一八九五年、ブラヴァツキーは神智学協会のなかでも強いサイキック能力を持っていたチャールズ・レッドビーターとアニー・ベサントに、透視による元素周期表の作成を依頼しました。原子粒子を透視能力で可視化し、その構造を書き留めるよう指示された二人は、まずは水素から着手します。そこで対象《ターゲット》に選んだのは、九十八パーセントが水素から成る、パラフィンの塊でした。

図8の左は、一八九五年に神智学の機関誌『ルシファー』に掲載されたイラストで、チャールズ・レッドビーターが透視で知覚した水素分子を描いたものです。彼はパラフィンの塊を透視して〝三つの主要な構成要素である小さな球体が三本のエネルギー帯でつながっている〟ことを確認しました。その右は陽子を表した現代のイラストで、アップクォーク二個とダウンクォーク一個が、接着剤の役割を果たすグルーオンという素粒子によって結合されていることが示されています。アーネスト・ラザフォード

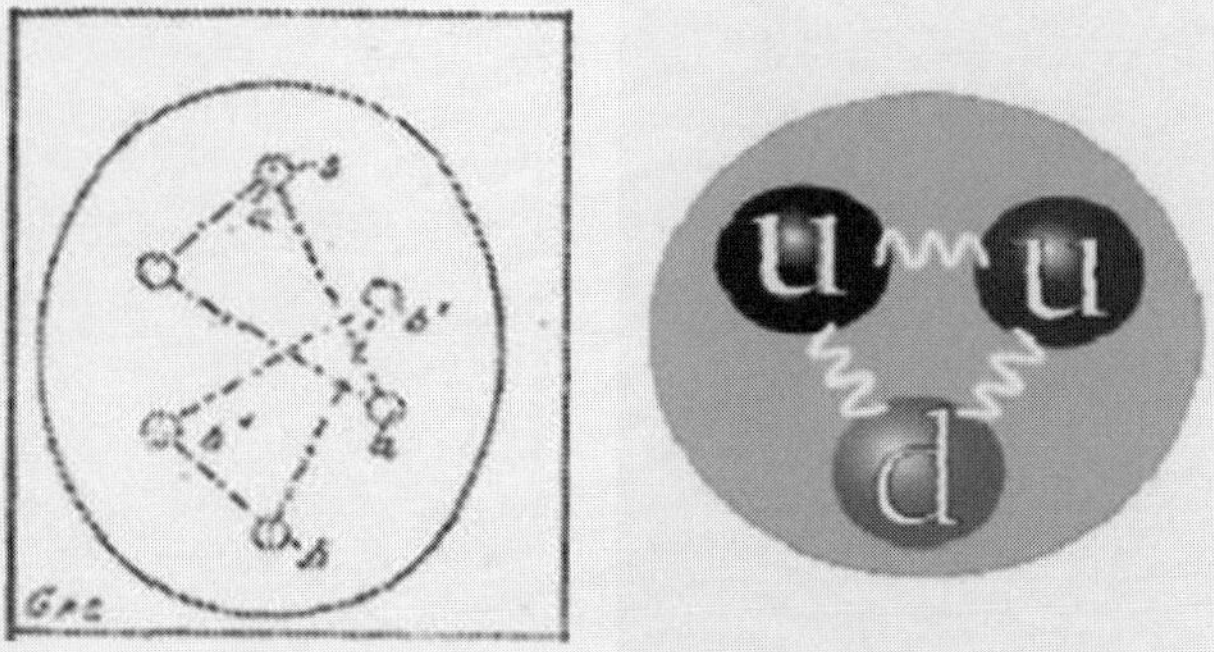

図8／左：1895年に透視によって知覚された水素原子。右：クォークを表した現代のイラスト。

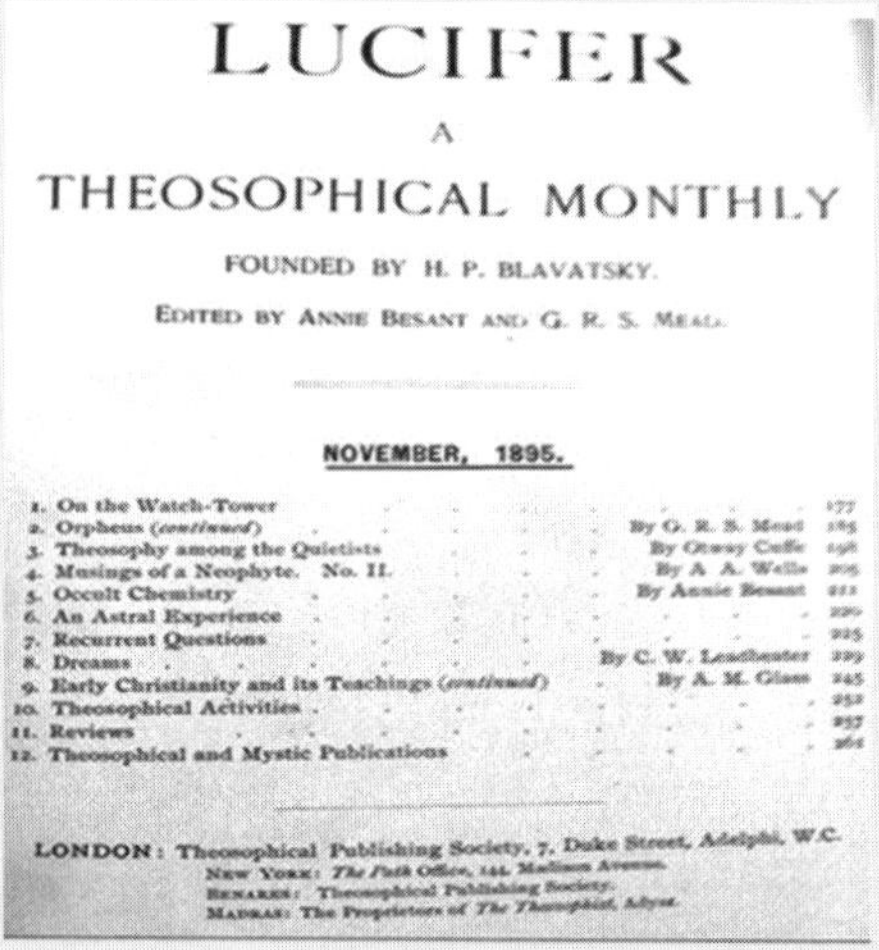

LUCIFER

A

THEOSOPHICAL MONTHLY

FOUNDED BY H. P. BLAVATSKY.

EDITED BY ANNIE BESANT AND G. R. S. MEAD.

NOVEMBER, 1895.

1. On the Watch-Tower . . . 177
2. Orpheus (*continued*) . . . By G. R. S. Mead 185
3. Theosophy among the Quietists . . . By Otway Cuffe 196
4. Musings of a Neophyte. No. II. . . . By A. A. Wells 205
5. Occult Chemistry . . . By Annie Besant 211
6. An Astral Experience . . . 220
7. Recurrent Questions . . . 225
8. Dreams . . . By C. W. Leadbeater 229
9. Early Christianity and its Teachings (*continued*) . . . By A. M. Glass 245
10. Theosophical Activities . . . 252
11. Reviews . . . 257
12. Theosophical and Mystic Publications . . . 264

LONDON: Theosophical Publishing Society, 7, Duke Street, Adelphi, W.C.
NEW YORK: *The Path* Office, 144, Madison Avenue.
BENARES: Theosophical Publishing Society.
MADRAS: The Proprietors of *The Theosophist*, Adyar.

図9／神智学の機関誌『ルシファー』の目次。

によって陽子が発見されたのは一九一八年。マレー・ゲルマンによってクォークの存在が提唱されたのも一九六四年になってからです。つまり透視（意識）には、木星までの五億マイルであろうが、水素分子までの10^{-10}㎝であろうが、距離は関係ないのです。この一件は、リモート・ビューイングが初めて文書で紹介された事例と言えます。

現代の元素周期表は、一八六九年にロシアの化学者ドミトリ・メンデレーエフによって作成されました。一八九五年、アニー・ベサントは透視による元素周期表の研究を開始する目的で『オカルト化学』と題された報告書を書いています。そして一九〇八年、ベサントとレッドビーターの共著による同名の書籍が上梓されました。その本のなかで、二人は透視を用いて多くの元素を描写しています。

アニー・ベサントがロンドンで同じ神智学者であるチャールズ・レッドビーターと出会ったのは、一八九四年四月のことでした。神智学運動を通じて知り合った二人は、以来、生涯にわたる親友となります。レッドビーターは（インゴ・スワンと同様に）幼少期から自身に透視能力《クレアボヤンス》があることを主張し、芸術家としてその能力で知覚した生体・非生体試料を色鮮やかに描いた絵を数多く残しています。彼はベサントと知り合った翌年には、彼女の透視能力の開発をサポートし始めました。フランシスカ・アランデールに宛てられた一八九五年八月二十五日付の手紙で、レッドビーターはベサントが強い透視能力に目覚めた経緯を綴《つづ》っています。そして二人で透視能力を用いて〝宇宙、物質、人間の思考形態、そして人類の歴史〟を調査したのち、共著で『オカルト化学』を書き上げたことが述べられています。

一九〇八年に刊行され現在では有名な『オカルト化学』の表紙には〝拡大《クレアボヤント・》透視《マグニフィケーション》による、周期表の原子の構造といくつかの化合物についての研究〟という記載があり、その内容は透視能力で観察した化学元素の紹介となっています。この本を執筆していた当時、ベサントとレッドビーターはインドのアッドヤーに拠点を置く神智学協会支部の指導者でした。そしてベサントは一九〇七年、神智学協会の創始者の一人であるヘンリー・オルコットの死去に伴い、その後継者として協会の第二代会長に選任されました。

私が神智学協会に入会したのは一九五六年のことで、ちょうどコロンビアから引っ越す直前でした。一八九五年の『ルシファー』に掲載されていた驚くべき記事は、物理学者である私や科学者の会員たちにとって、彼らは本当になにかを摑んでいたのだと思わせる内容でした。繰り返しますが、これはマレー・ゲルマンによってクォークの存在が提唱される六十九年もまえに書かれたものなのです。

ベサントとレッドビーターは、世界で初めて透視能力を科学的な情報を得る目的に応用したと言えます。一九九五年には、電気工学の専門家であるスティーブン・Ｍ・フィリップス教授が『オカルト化学』に対する科学的な見地からの意見を『Journal of Scientific Exploration』誌に寄稿しています。その書評は「Extra-Sensory Perception of Subatomic Particles（ＥＳＰで観測した亜原子粒子）」というタイトルで書かれていますが、ここでその概要をまとめたものを紹介します。また、彼は同じ年に『Extrasensory Perception of Quarks（ＥＳＰで観測したクォーク）』という本も書いています。

〝一世紀もまえに、神智学協会の初期の指導者二名がＥＳＰを用いて亜原子粒子を観測したとする本が評価されている。一八九五年に行われた著者の観測は、原子を〝視《み》た〟とする主張を除けば、原子核物理学の事実や素粒子物理学におけるクォークモデルと一致する。物質の主要な構成要素を結びつける力に関する報告も、ストリングモデルと合致している。著者の粒子に関する記述は、超弦理論の基本的な考え方と驚くほど類似しているのだ〟(注1)

卓越したサイキック能力を持っていた元警察署長の
パット・プライス（図10）

第3章

パット・プライス
：サイキック・ポリスマン

パット・プライスはカリフォルニア州バーバンクの元警察署長で、卓越したサイキック能力の持ち主でした。彼が私たちのプロジェクトに参加してくれることになったときは、皆で喜んだのを覚えています。初めて会ったとき、彼は自分のサイキック能力の強さを証明するために、大きなスクラップブックを持参してやってきました。それは、警察官時代の彼の活躍が掲載された新聞の切り抜きをまとめたものでした。そもそも、彼がどうやって私たちの秘密のプロジェクトの存在を知ったのかは少し謎でしたが、機密を扱う適格性《セキュリティ・クリアランス》の審査が行われた結果、数週間後に採用が決まりました。

スタンフォード研究所でパットを被験者に実施した最初の実験では、外出中だった私たちの同僚のハロルド・パソフとCIAのキット・グリーン博士を捜すことが課せられました。私はパットを連れてスクリーン・ルームと呼ばれる完全に（電波なども）遮蔽された部屋に入り、リモート・ビューイングのセッションを開始しました。まずはハロルドがいる場所についてどんなイメージが浮かんでいるかを尋ねましたが、パットは「言っている意味がわからない」と首を傾げました。彼が持参した新聞の切り抜きにはバーバンクの街に潜んでいた犯罪者を検挙したときのものがあったので、私は質問を変え、そのときと同じように、ハロルドとキットをサイキック能力で追跡できるか尋ねました。そして二人はＳＲＩの駐車場から緑色のホンダ・アコードに乗って出発したという情報だけを与え「その緑色の車を追ってください」と指示しました。もちろん、私たちのいる部屋からは物理的に外を見ることはできません。するとパットは「駐車場を出て、ミドルフィールド・ロードを南下している。これから公園に入っていくところだ」と答えました。

これはリモート・ビューイングのセッションにおける、インタビュアーの役割の例でもあります。もし私が同席しなかったり、パットをうまく誘導することができなかったりしたら、このセッションは失敗に終わっていたかもしれません。図11の右下はパットが描いた見取り図で、隣にある実際の図面と見比べるとよく似ているのがわかります。彼は六十×八十フィートの長方形のプールと、その左側にある直径百フィートの円形のプールを正確に描いています。この透視テストのターゲットとなった場所はカリフォルニア州パロアルトの〈リンコナーダ・プール〉という施設で、彼のスケッチの二つのプールの寸法の誤差はいずれも十パーセント以内という正確さです。さ

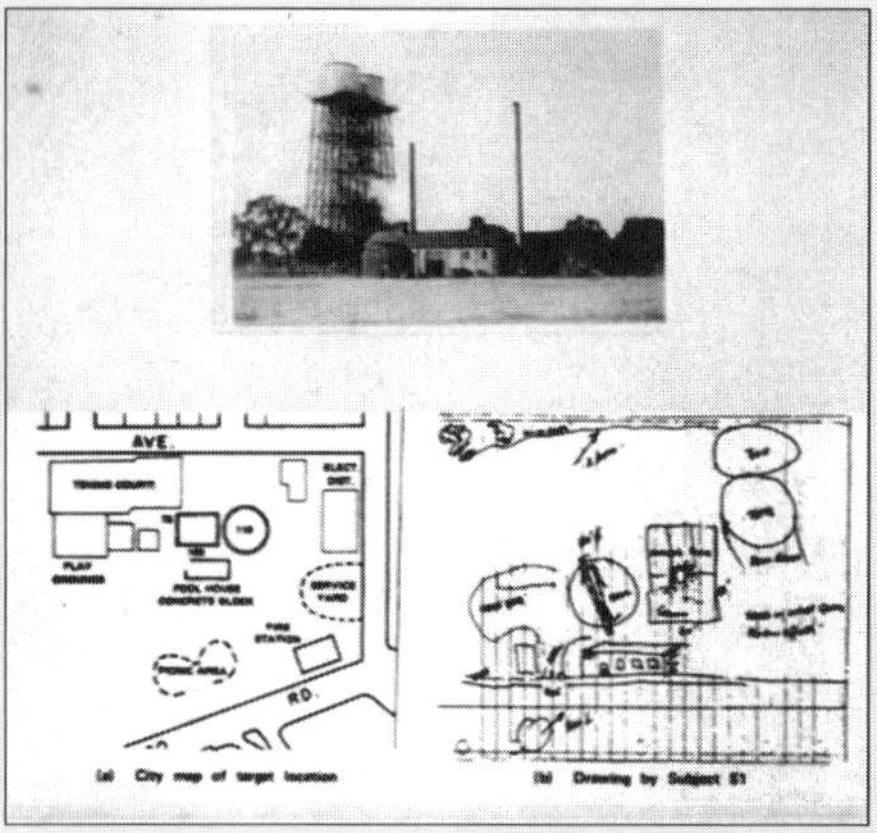

図11／上：カリフォルニア州パロアルトの〈リンコナーダ・プール〉の写真。右下：パット・プライスが描いた見取り図。左下：実際の施設の図面。

らに、右上にある二つ並んだ大きな貯水槽は透視を行った当時はありませんでしたが、それより以前には実際に存在していたことも判明しています。この貯水槽のことがわかったのは、この実験から十年も経ってからでした。

パットの最初の実験では、さらに九回、ダブル・ブラインドによるリモート・ビューイングを行いました。毎回、パットには遠く離れた透視対象者の所在に関して浮かんだイメージを口頭で描写したうえで、それを文章やスケッチで記録してもらいました。その後、パットの九回分の透視記録には一から九までの番

ロケーション	距離(km)	透視記録の評価ランク
スタンフォード大学：フーバー塔	3.4	1
ベイランズ自然保護区	6.4	1
ポートラ・バレー：電波天文台	6.4	1
レッドウッド・シティー：マリーナ	6.8	1
フリーモント：橋の料金所	14.5	6
パロアルト：ドライブイン・シアター	5.1	1
メンローパーク：アーツ・アンド・クラフツ・プラザ	1.9	1
ポートラ・バレー：カトリック教会	8.5	1
パロアルト：リンコナーダ・プール	3.4	3
合計ランク		16 ($p=2.9\times10^{-5}$)

表１／判定員によるパット・プライスの透視記録の評価／Ｐ値（有意確率）2.9×10^{-5}

号が無作為に振られ、判定員にその九枚の透視記録と透視対象者に発行された九枚の指示書が渡されます。指示書には、ベイエリア内の六十のロケーションのうち、どこへ向かうかが書かれています。

透視対象者は毎回、指示書に書かれた異なる場所に行っています。最後に判定員がそれぞれの場所に赴き、パットの透視記録のなかから周囲の景色に近いものを選んでマッチさせていきます。この場合、ただの偶然なら正しい組み合わせになるのは九組のうち一組と見込まれます。しかしこの実験では、実に九組のうち七組がマッチしました。これは確率にして十万分の一の出来事です。この九回のリモート・ビューイングの結果が示す十万分の一という確率は、統計的に有意、つまり偶然に起こったとは考え難いものです。喩《たと》えるならハロルドが九回連続で拉致され、パットはそのうち七回も一発で彼の居場所を発見できたことになります。

パットには面白い一面もありました。彼の口頭での説明をタイプしていた陽気な女性事務員が「意識を集中すれば、私のトイレを覗くこともできるの？」と訊いたとき、パットがこんな言葉を返していたのを覚えています。「世界のどこでも覗ける人間が、わざわざあんたのトイレを覗いたりなんてしないよ」確かに説得力がありますね。

その後に実施したリモート・ビューイングの実験では、パットは巨大なガントリークレーンを見て「八つの車輪が付いている重機が、なにか重要な建設作業を進めている」と正確に描写したことがあります。これは、地理座標の経度と緯度だけで透視を行った実験でした。パットは続けて「私はいまその三階建ての建物の上で仰向けに寝ているんだ。日差しが心地良いよ。視線の先では巨大なガントリークレーンが動いている。このクレーンを描いてみようか」と言いました。パットの言葉を聞いた私たち

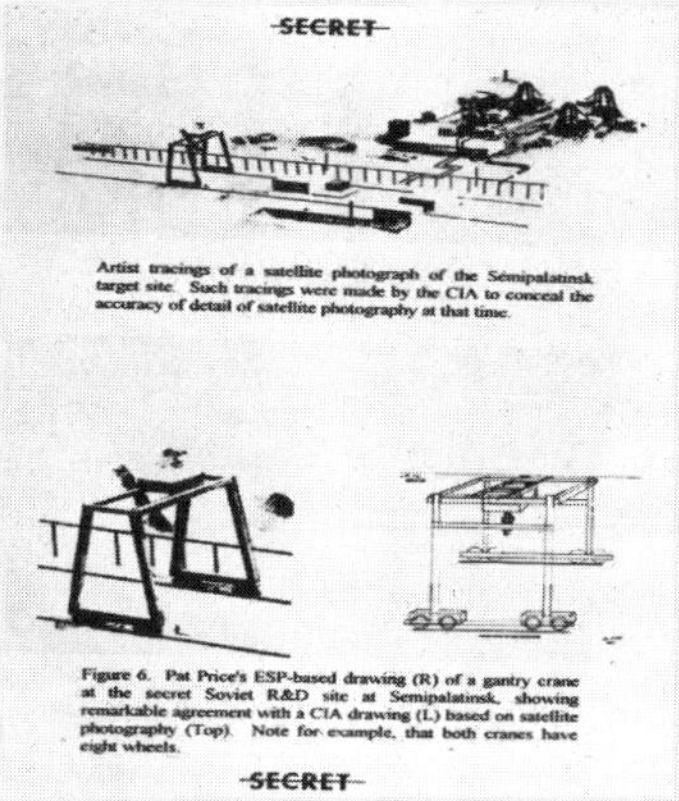
SECRET
Artist tracings of a satellite photograph of the Semipalatinsk target site. Such tracings were made by the CIA to conceal the accuracy of detail of satellite photography at that time.
Figure 6. Pat Price's ESP-based drawing (R) of a gantry crane at the secret Soviet R&D site at Semipalatinsk, showing remarkable agreement with a CIA drawing (L) based on satellite photography (Top). Note for example, that both cranes have eight wheels.
SECRET

図12／パット・プライスがスケッチしたシベリアの秘密兵器工場。

は、そこはソ連のセミパラチンスク核実験場で、アメリカの宇宙探査機を撃ち落とすための粒子ビーム兵器の開発と建造が進められているのではないかと推測しました。仰向けになってガントリークレーンを見上げているという、その独特な視点に重要なヒントがあると考えたのです。

ＣＩＡは、私たちがソ連の実験場を透視したことを大いに喜んでくれました。ケン・クレスの計らいで、私とハロルドは当時のＣＩＡ副長官だったジョン・マクマホンに、リモート・ビューイングについて簡単に説明することになりました。マクマホン氏はとても感心しているようでした。

それ以来、私は長年にわたりマクマホン氏と友好的な関係を保つことができました。私は一九八二年にSRIを退所してロッキード・ミサイル&スペース・カンパニーの上級研究員となりましたが、同じ年にマクマホン氏も社長として同社に就任しています。そこは二万五千人規模の大きな会社でしたし、ほかの社員からすれば、社長が一研究員の私と親しくしているのは不思議に思えたことでしょう。私たちが過去にCIAを通じて秘密裏につながっていたことなど、だれも知るはずがありませんから。

CIAは、パットがスケッチしたガントリークレーンについてさらに詳しい情報を求めてきました。クレーンの下を透視して、なにを建造しているのかを調査して欲しいと言うのです。パットを連れてスクリーン・ルームに入ると、彼はしばらく集中したのち、カットしたオレンジの皮のような形の鋼材を接ぎ合わせて、巨大な鉄球が造られていると描写を始めました。

これは当時、CIAも把握していない情報でした。パットの説明によると、鋼材が厚すぎるために溶接作業に問題が生じているとのことでした。さらに彼は、そこには白衣を着た関係者が大勢いて、ロシア語ではない言語で話していると言います。興味

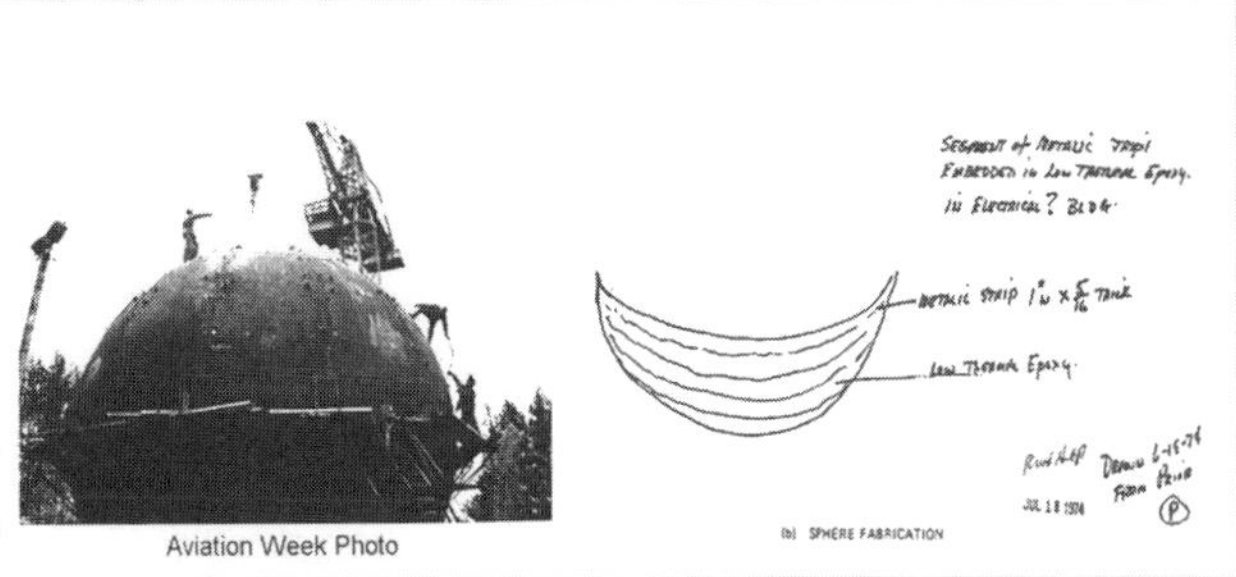

図13／直径約18メートルの鋼鉄の球体。パット・プライスはこの球体に使われた鋼材まで詳細にスケッチしている。

深いことに、彼は鋼材を見るだけでなく、そこで問題が起きていることまで直感的に理解できたのです。この建造物の全貌は溶接のトラブルも含め、のちの一九七七年に『アビエーション・ウィーク』誌の記事で明らかにされ、すべて事実であったことが確認できています。もちろん、パットがスケッチを描いた時点では、ソ連の関係者以外だれも知り得ないことです。実際、パットがリモート・ビューイングで得た情報には、一九七五年に彼がこの世を去ったのちに事実と確認されたものが多くありました。

一九七四年二月四日の月曜日の夜、アメリカのテロリスト集団が当時十九歳だった新聞王ハースト家の令嬢、パトリシア・ハーストを誘拐するという事件が起きました。当時、パトリシアはカリフォルニア大学バークレー校に通う学生で、学校近くの高級アパートにいたところを連れ去られたのです。誘拐犯はシンバイオニーズ解放軍（SLA）と名乗る過激派組織で〝人民の命を食い物にするファシストという虫けらに死を〟というスローガンを掲げていました。犯行グループにとって、保守派で裕福なハースト家は格好の標的だったのです。マスコミは過激派として名の知れた人物を当たり、バークレー警察は全国的な新聞社ハースト・シンジケートの社長という、サンフランシスコでもっとも有名な名士の娘パトリシアの捜索を開始しました。

事件発生の翌日、バークレー警察からSRIの私たちのところに一本の電話がありました。すでに世間の注目を集めていたその事件への協力を依頼されたのです。私とハロルドは、パットなら捜査に協力できるのではないかと考え、彼を乗せてバークレーへと車を走らせました。結果から言うと、パットは〝マグ・ブック〟と呼ばれる何百人もの顔写真を収めた分厚いファイルから、パトリシア・ハーストの誘拐犯を特定することができました。警察署の大きなオーク材のテーブルのまえに立ち、マグ・ブックのページをめくっていたパットは、突然、一人の男の顔写真を指差して「この男が首謀者だ」と言ったのです。写真の男はドナルド・デフリーズという人物で、その週のうちに本当に首謀者であることが確認されました。さらにパットは「ミスター・ロボという男も関わっているようだ」と言いました。この一週間後に、警察はウィリー・ウルフという男を共犯者として特定するのですが、その男はギャングの間ではロボという名で知られていたそうです。

担当の刑事は、容疑者たちの居場所はわかるかとパットに尋ねました。「ホシはどこに逃げた？」という刑事ものの映画のようなセリフです。パットは「この辺りだ」と北を指差すと、さらに「レストランの近くに停まっている白いステーションワゴンが見える。白い大きなガス貯蔵タンクが二つ並んでいるところから、高速道路を挟んだ向かい側だ。近くに陸橋もある」と説明を続けます。すると刑事の一人が「その場所ならわかる。おれが住んでいるヴァレーホからここに来る途中にある場所だ」と言い、すぐにその場所にパトカーを向かわせるよう指示しました。

それから十分も経たないうちに、警察署から北に十五マイルほどのところで誘拐犯のものと思われる車両を発見したと無線が入りました。さらに車内の床には銃弾の空薬莢《やっきょう》が転がっていて、口径は数時間前にパトリシア・ハーストのアパートの寝室で見つかったものと同じだと言います。犯行に使われた車であることは間違いなさそうでした。パットは警察署内、それも私たちの目のまえで誘拐犯を特定し、さらに犯人グループの車まで発見したのです。これは、私にESPは確かに存在すると信じさせた最大の出来事になりました。こんな経験をしておいて、それでも信じないというのはさすがに無理があります。みなさんならどうですか?

車は発見できたものの、誘拐犯やパトリシア・ハーストの行方は依然としてわからないままでした。そこで翌日、私たちは再び警察署に召集されました。警察はパトリシアが通っていた大学の裏手にある、バークレー・ヒルズと呼ばれる丘陵地の捜索に乗り出しました。私は警察官の一人から、丘の上にある廃墟となった農家の捜索に同行することを求められました。警察官は古い建物のまえに車を停めると、拳銃を抜き、ドアを蹴破るから背後についてくれと私に頼みました。そして「銃を扱ったことは?」と尋ねます。ワルサーのオートマチック拳銃を所有していると答えると、彼は弾丸を装塡した重い三十八口径を私に手渡しました。さすがにこの警察官も、まさかこんな

図14／スタンフォード研究所のリモート・ビューイング・プロジェクトの共同創設者であるラッセル・ターグとハロルド・パソフ。

近眼の民間人に銃を渡して背中を預けることになるとは思ってもみなかったでしょう。私も笑うしかありませんでした。でもこのときは幸いにも、援護射撃が必要な事態にはならずに済みました。後日、この数日間の協力に対して、私たちはバークレー警察から感謝状を贈られました。

一九七四年には、私はパット・プライスを被験者に、ハロルドが毎日正午にどこにいるのかを遠隔透視するという実験を行いました。そのとき、ハロルドはバカンスで南米旅行に出かけていたのです。実験を開始した日から四日目までは、パットはハロルドを毎日透視し、港、市場、火山、教会にいると答えました。でも五日目、彼は研究室に姿を見せませんでした。理由はわかりませんでしたが、私はパット・プライス不在のまま実験を続けることにしました。

実験を始める時間になり、私はテープレコーダーに「これはパット・プライスとラッセル・ターグによるリモート・ビューイングの実験です」と吹き込みました。でもそれから数分後には、テープレコーダーに向かってこう言いました。「パットは来ないようなので、今日は私だけでやってみることにします……。右手には草が茂った砂地、左手には空港の建物のようなものがあります。そして滑走路があり、その先には海が広がっているようです。あとで全体像をスケッチしてみようと思いますが、ここはどこかの島の空港のようです」図15はこのときのスケッチと、のちに撮影した実際の空港の写真です。この結果が示す通り、リモート・ビューイングは物理学者の私にも簡単に、そして自然に行えるものなのです。

その年の後半、私とハロルドはパットがリモート・ビューイングで大きな成果を上げたことを祝して『ネイチャー』誌に最初の論文を発表しました。(注1)

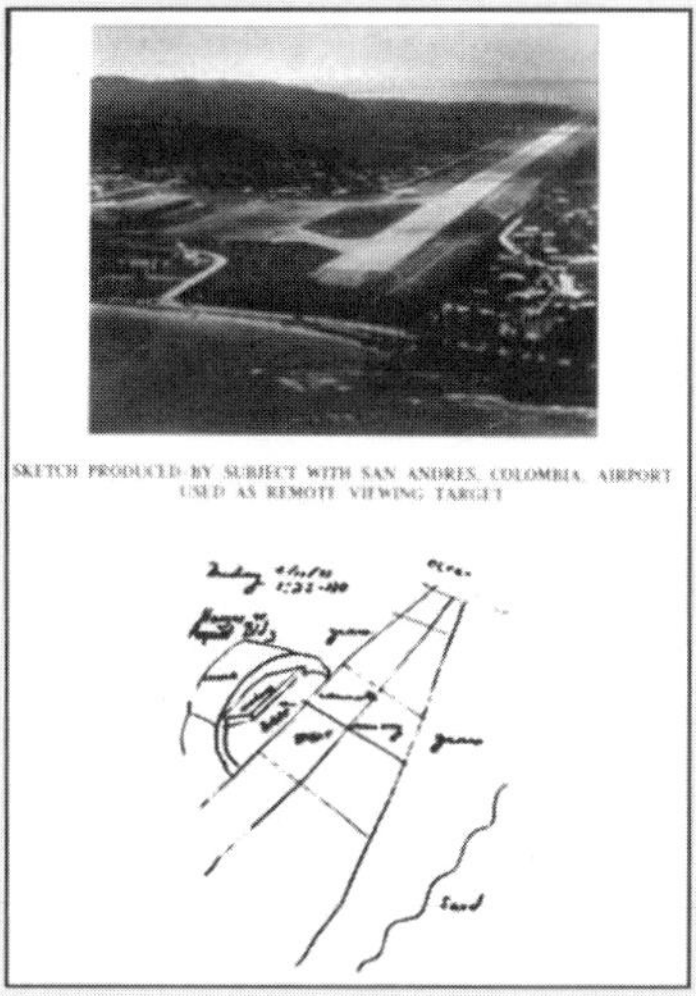

図15／ラッセル・ターグがスケッチしたサン・アンドレス島の空港。

図16／近年撮影されたサン・アンドレス島の空港の写真。

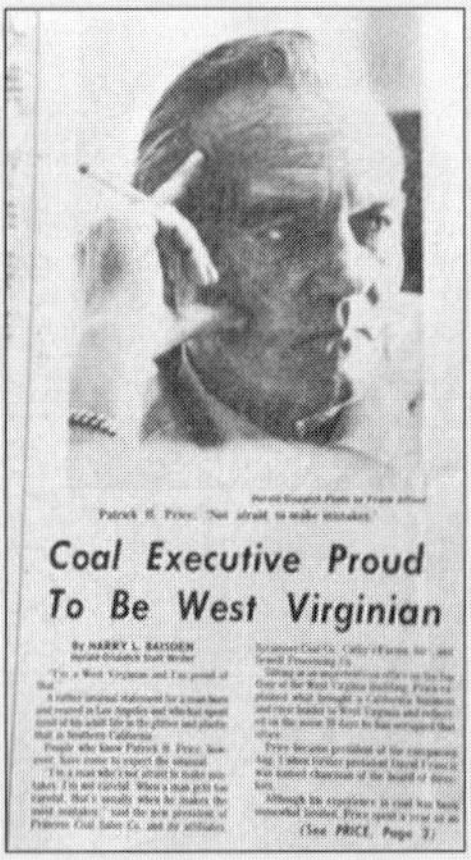
Patrick H. Price: 'Not afraid to make mistakes.'

Coal Executive Proud To Be West Virginian

By HARRY L. BAISDEN

(See PRICE, Page 2)

図17／パット・プライスはCIAから直々にスカウトされていた。

それにしても、パットになにがあったのでしょうか？　実は、ソ連のシベリア兵器工場の存在を暴き、パトリシア・ハースト誘拐事件の捜査に協力した功績を買われて、彼はＣＩＡから直々にスカウトされていたのです。彼はそれを受けてウェストバージニアに赴き、ＣＩＡのオペレーションに直接関わっていたと聞きました。でも、残念ながらその翌年の一九七五年、彼は五十六歳にして謎の死を遂げています。パットは以前から命の危険を強く感じていたようで、ＳＲＩを訪れるまえに百万ドルの定期生命保険に加入し、奥さんを受取人に指定していたそうです。彼は心臓発作を起こして亡くなったのか、それともロシア人（パットの狙いを熟知していた人物）やCIA（パットがサイエントロジー教会に機密を漏らしていることを察知した人物）に殺されたのかは、私たちにもわかりません。後者の事実は、映画『Third Eye Spies』のなかでCIAエージェントのケン・クレスとキット・グリーン博士によって明らかにされました。また『ニューヨーク・タイムズ』紙でも同様の報道がされています。みなさんにぜひお訊きしたいのですが、もしスーパーマンが二重スパイだと気づいたら、あなたならどうしますか？

ヘラ・ハミッドは意外にも、
リモート・ビューワーとして
大きな成果を上げた（図18）

第４章

ヘラ・ハミッド
：高い能力を秘めていた対照群の被験者

著名な女流写真家だったヘラ・ハミッドは、気さくな性格で美しく、優れた芸術的感覚と高い知性の持ち主で、私にとっては家族ぐるみの付き合いのある友人でもありました。彼女はそれまでＥＳＰとは無縁だったことから、ＣＩＡの意向で対照群の被験者に選ばれました。ところが、ターゲットの居場所を特定する全九回のテストで彼女が出した結果は統計的に有意、それも偶然によって起こる確率が百万分の一に近いものでした。

インゴ・スワンの章でも紹介しましたが、私の友人で考古学者とリモート・ビューイング研究者という二つの顔を持つステファン・シュワルツも、ヘラとは長い付き合いがありました。サンタ・カタリナ島付近の水深測量やエジプトの砂漠の気温観測など、ステファンとヘラは二十年間にわたって世界中の透視実験を行っています。彼は無二の友人だったヘラとの思い出をこう振り返っています。

〝ヘラは裕福なユダヤ人家系に生まれましたが、ヒトラーによってドイツが支配されるとその日のうちにナチスから逃れ、難民として少女時代を過ごしたそうです。難民でありながらイギリスでもっとも優秀な女子寄宿学校で学んだことで、彼女は気品と自信に満ちながらも、冒険心に溢れる女性に成長しました。ラッセル・ターグから聞いたところでは、当初は対照群の被験者としてヘラをＳＲＩのプロジェクトに招いたものの、すぐに彼女が優れたリモート・ビューワーであることがわかったそうです。もしなにかのパーティーに出席したなら、彼女は全国的に有名な美術写真家だと紹介されるでしょう。そしてしばらく話した相手は、彼女は疑いようもなくフェミニストであり、自由な意識を持った女性ではあるが、決して非科学的なことを信じるタイプではないという印象を受けるはずです。一九七七年、私はヘラに〝ディープ・クエスト〟と名付けたリモート・ビューイングによる海底調査への参加を持ち掛けました。彼女はそこで未知の沈没船を見つけただけでなく、海底に存在することなどだれも予想していなかった大きな石のブロックをスケッチしました。そして、それは実際に発見されたのです。

ヘラはそういったことが得意でした。彼女はだれも予想もしない、あるいは想像すらしないものをよく発見するのです。ディープ・クエストでは石のブロック、エジプトのアレクサンドリアでは柱と貯水槽、ジャマイカではコロンブスの第四回航海に使われたカラベル船の残骸の一部を見つけています。ヘラはＳＲＩだけでなく私の研究室〝メビウス・ソサエティ〟でも、リモート・ビューイングを考古学に応用するための確固たる基盤を築き上げました。のちに乳がんでこの世を去るまで、ヘラは私たちとともに世界中を調査して回り、たとえ困難に陥っても、彼女が動じることはほとんどありませんでした。どんなときでも一緒にいて楽しい人でしたし、あの驚くほど正確なリモート・ビューイングを傍らで見られたことは、私にとってかけがえのない経験です〟

ヘラの初めてのリモート・ビューイングでは、心の雑念を払ったうえで、意識に浮かんだイメージを口頭で描写するように指示しました。やがて彼女は「なにかが速く動いているわ」と言いました。私が一旦、休憩を挟むことを提案しても、彼女は「桶のようなものが空中に浮かんでいるの。でも穴だらけで、水は入っていないみたい」と続けるのです。そこで私は、その光景をスケッチするように伝えました。彼女は「正方形のなかに正方形が入っていて、そのなかにもさらに正方形が入っているわ」と言いながらペンを動かし、最終的にスケッチを描き終えました。このときのターゲ

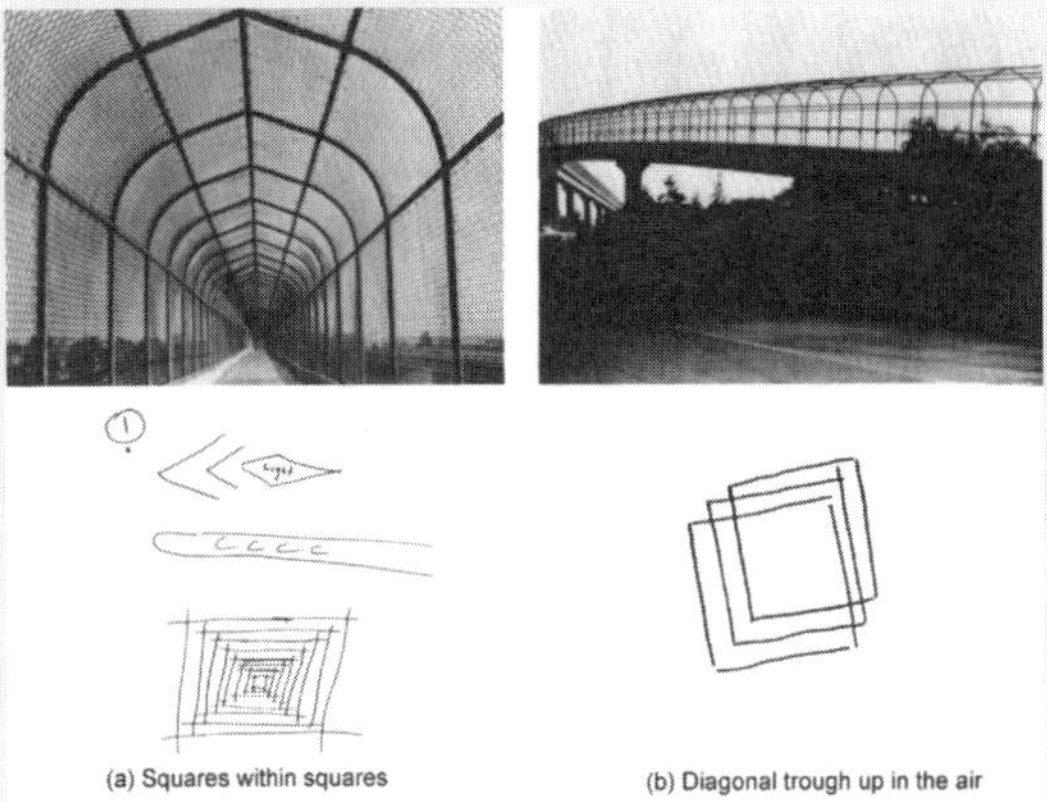

図19／ヘラ・ハミッドが初めてのリモート・ビューイングで描いた歩道橋のスケッチ。

ットは、パロアルトの国道一〇一号線に架かる歩道橋でした。

　私たちは残り八回のリモート・ビューイングも同じように行いました。ヘラのスケッチにはパット・プライスのような緻密さこそないものの、間違った描写がほとんど含まれていませんでした。彼女の全九回の試行では評価ランク一が五つ、ランク二が四つというすばらしい結果が出ています。これは確率にしてほぼ百万分の一の出来事です。私たちはこの驚くべき実験結果をもとに書いた二本目の論文を『Proceedings of the IEEE』誌に発表しました。（注1）

　ヘラのリモート・ビューイングの結果が

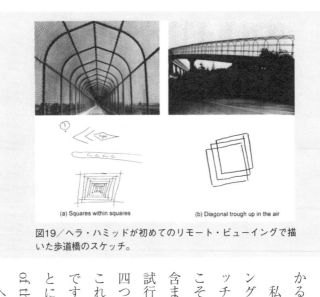

ターゲットのロケーション	距離(km)	透視記録の評価ランク
パロアルト：メソジスト教会	1.9	1
メンローパーク：ネス・オーディトリアム	0.2	1
パロアルト：メリーゴーラウンド	3.4	1
マウンテンビュー：立体駐車場	8.1	2
メンローパーク：SRI インターナショナル中庭	0.2	1
メンローパーク：駐輪場	0.1	2
パロアルト：トレッスル橋	1.3	2
メンローパーク：パンプキン・パッチ※	1.3	1
パロアルト：歩道橋	5.0	2
合計ランク		13 (p=1.8×10-6)

表２／判定員によるヘラ・ハミッドの透視記録の評価／P 値（有意確率）1.8×10^{-6} ※訳注／ハロウィン用のカボチャを販売する会場。

私たちに示したのは、経験の浅いリモート・ビューワーが生まれながらのサイキック能力者を上回ることがあるという事実でした。非凡なサイキック能力者であるパット・プライスの実験結果は十万分の一という確率のものだったのに対して、対照群の被験者であるはずのヘラ・ハミッドが同様の実験でほぼ百万分の一という数字を出したのです。

私がヘラと実験をするようになり十年近くが経っても、彼女のリモート・ビューイングは正確さを増していきました。これはジョゼフ・バンクス・ラインによるゼナー・カード【訳注／円や星など五種類の図形が描かれたカード。ＥＳＰカードとも呼ばれる】を使った実験によく見られる〝衰退効果〟と相反する現象です。私はある日の実験で、人物の代わりに地理座標をターゲットにしてみようと提案しました。そして緯度と経度の座標はあえて通常の度分秒ではなく、1sと0sの二進法で示したものを選んでみました。このときも、私は座標が示す場所についてはなにも知りません。ＳＲＩのリモート・ビューイングの実験はすべて二重盲検法《ダブル・ブラインド》で行われます。

座標が書かれたカードには〝10010100110-N and 11001001101-W〟という文字列が並んでいました。この座標は、一九七六年に私たちのプロジェクトに参加した物理学者のエド・メイ博士が作成したものです。それを見たヘラは「面白そうなパターンね」と言いました。そして目を閉じて大きく息を吐くと（これは彼女が集中するときの合図です）「なにか丸いものが見えるわ」と言いました。それからくすりと笑ってこう続けました。「お臍《へそ》のような形のエネルギー増幅装置かしら。そこから三本の光線が出ているわ」

ヘラは粘土を使って見たものを再現したいと言いました。新たな手段を用いれば、イメージをより的確に表現できると考えたのです。このときのターゲットは、カリフォルニア大学バークレー校にある粒子加速器〝ベバトロン〟でした。この円形の加速器はまさにエネルギー増幅装置と言えるもので、四本のビームチューブが実験室へとつながっています。図20の右はヘラが描いたスケッチ、左が実際の図面です。彼女のスケッチは、ビームチューブと加速器を驚くほど的確に描写していることがわかります。図21はヘラが意識に浮かんだイメージを粘土で再現したものです。

ヘラには、このときのようにターゲットの形と機能とがまるで魔法のように結びついて見えていることがよくありました。このような実験を十年も続けていると、無自覚ながらとても的確なことを言うヘラが、まるで予言者のような存在に思えてきます。

ある日、ターゲットとしてスタンフォード線形加速器センター（現在のSLAC国立加速器研究所）を透視したときも、ヘラは「磨かれた金属のパイプかシリンダーのようなものが見えるわ……。これは軌道に関係しているようね」と言いました。このへ

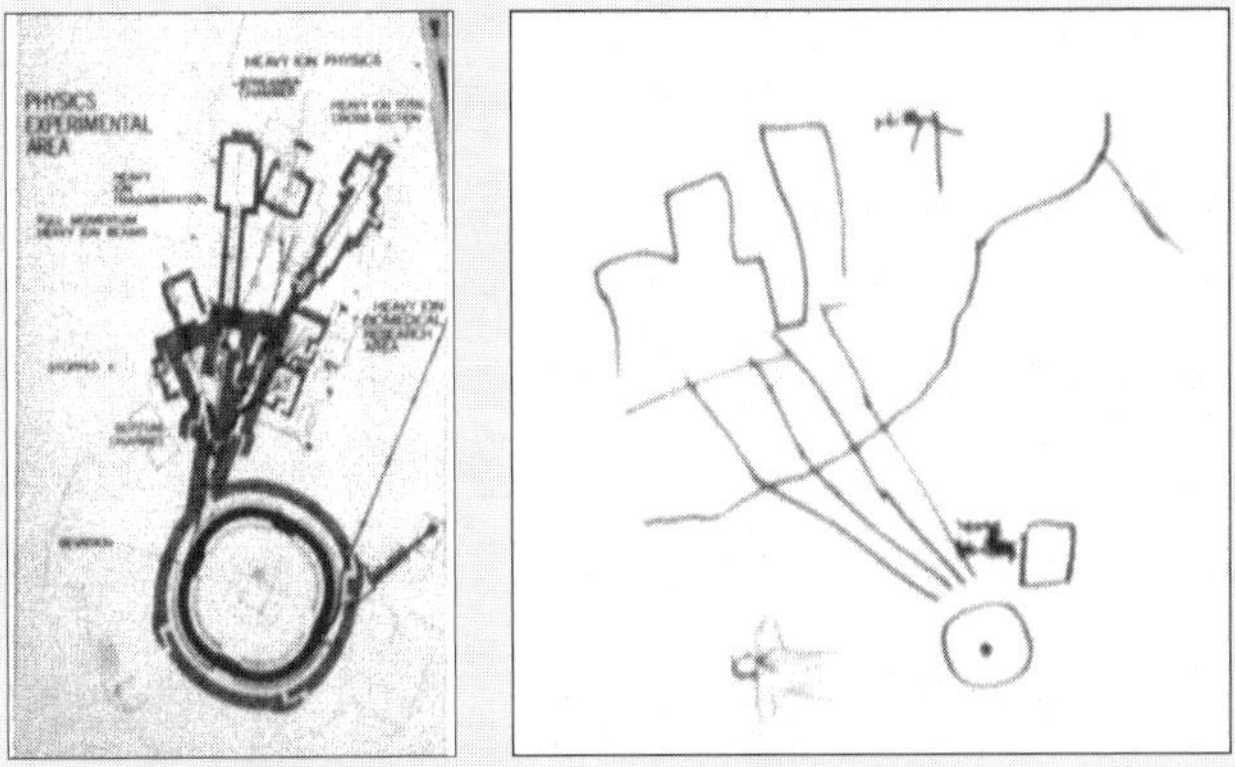

図20／カリフォルニア大学バークレー校の加速器ベバトロン。左は円形加速器とビームチューブの配置を示した公式の図面。右はヘラによるスケッチ。ヘラは臍《へそ》のような形をしたエネルギー増幅装置が高照度の光線を照射していると説明した。

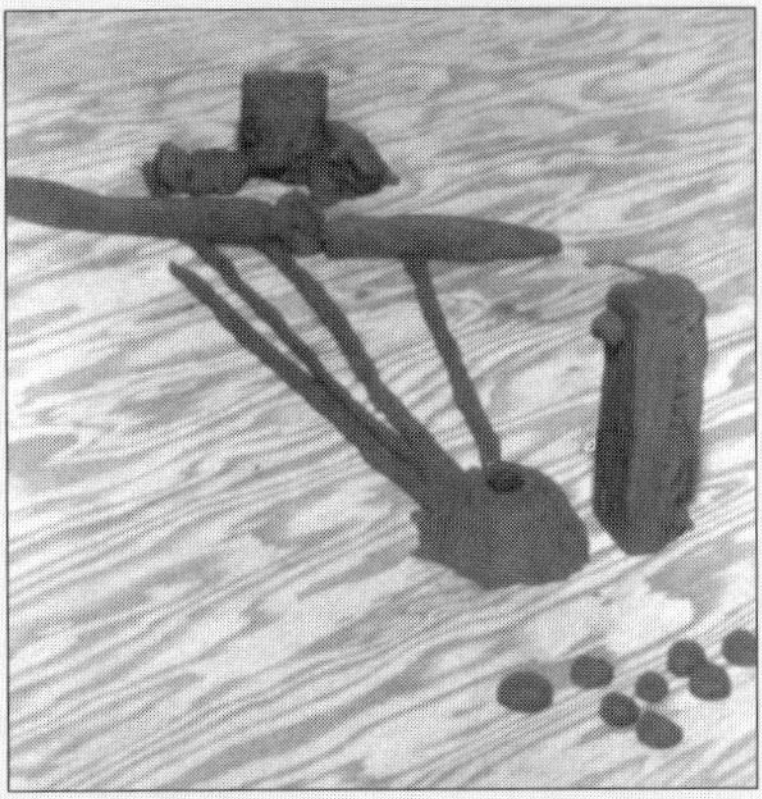

図21／ヘラが粘土で再現したベバトロンの全体像。円形のエネルギー増幅装置、ビームチューブ、実験室が表されている。

ラの言葉は、電子加速器を見事に表現しているのです。

今日では、リモート・ビューイングを成功させる重要な要素として、リモート・ビューワーとインタビュアーの信頼関係が大切であることがわかっています。一つの情報収集チームとして、協力し合うことが大切なのです。リモート・ビューワーの役割は、情報を知覚して伝達すること。インタビュアーの役割は、その情報を分析・管理することです。私に言わせれば、インタビュアーはサイキック・トラベルのガイドのようなものです。私がインタビュアーを務める際に最初にすることは、リモート・ビューワーが心の雑念（仏教で言うところの〝心猿《しんえん》〟）を払うのをサポートすることです。

このようなリモート・ビューワーとインタビュアーの役割分担は、一般的に知られている大脳の主な二つの思考モードを反映しています。一つは空間認識など総体的な情報処理に有利な非分析的な思考で、これはサイキック能力の重要な要素と考えられています。そしてもう一つは、言語や推論のプロセスなどに見られる分析的な思考です。この二つの思考モードを同時に扱うことができるのは、かなり経験を積んだリモート・ビューワーに限られるようです。また、この非分析的な思考は右脳の働きによるものとされることもあります。

一九八二年、私とヘラはCIAのケン・クレスから「クレムリンにあるブレジネフ書記長の執務室を透視して欲しい」という依頼を受けました。ヘラはソファの上で横になり、私はテープレコーダーを持ってその近くに座りました。やがてヘラは、赤い布が垂らされた広い廊下を歩いていると説明を始めました。しばらくすると「いま扉のまえに来ています。両開きで、大きな鋲がいくつも打たれた赤い革張りの扉よ。でも閉まっていて開けられないわ」と言います。私は明晰夢を見ている相手を導くように「私がドアを開けよう」と伝えました。するとヘラは「こっちは夜だから部屋のなかは真っ暗ね」と呟きました。私が「じゃあいま電気をつけるよ」と言うなり、ヘラは「右に、天板にガラスが敷かれた大きな木の机が見えるわ。左には赤の広場を眺められる窓があって、その向こうには聖ワシリイ大聖堂が見える。それから机の奥の壁に木製の扉があるみたい」と部屋の様子を説明しました。私は「いまその扉を開けるから、どこへ続いているのか確認してくれ」と伝えました。

図22／ヘラの説明をもとに再現したブレジネフ書記長の執務室の赤い扉と窓からの景色。

ヘラはその扉の向こうに階段があると言うので、下りて調査を進めてもらうことにしました。階段を下りたヘラは「右手に大きなコンピューター・ルームがあるわ」と説明します。その瞬間、私は怖くなりました。そしてヘラに「私には多くの権限があるが、クレムリンのコンピューター・ルームに入る権限はない」と伝え、私はこのセッションを終了することにしました。このときはまるで、二人で不穏な幽体離脱を体験したような気分でした。

その翌年、私はSRIを退所しました。その後、私はソビエト連邦科学アカデミーに招かれ、それまで行ってきたリモート・ビューイングの研究について、機密扱いの情報は伏せて講演を行う機会に恵まれています。この講演はとても好評でした。「リモート・ビューイングのまえでは、なにも隠すことはできません。なにも秘密にはできないのです」と話すと、みなさん衝撃を受けて、手に持ったティーカップをカタカタと揺らしていました。クレムリンでなにか見ておきたいものはあるかと尋ねられた私は、ブレジネフ書記長の執務室を覗いてみたいとリクエストしました。私はアカデミーの面々に案内され、赤い布が垂らされた廊下を進みました。するとその先にはやはり、ヘラが言っていた通りの赤い革張りの扉がありました。ブレジネフ書記長の執務室に入ると、右手に大きな木の机があり、左手の窓の外には赤の広場が見えました。あのときヘラが言ったように、机の奥に扉があったかどうかは覚えていません。でも、それ以外はすべてヘラの説明のままでした。

海軍大学院で教鞭を執るゲイリー・ラングフォード（図23）

第５章

ゲイリー・ラングフォード：SRIの頼もしいエンジニア

プロジェクトの立ち上げから四年が経った頃の話になりますが、私にもリモート・ビューイングのターゲットとして遠方の対象地に出向く機会が巡ってきました。私は対象地の選択肢のなかから、医科大学に勤める友人がいるニューオーリンズを選びました。私がどの対象地を選択したのかは、SRIの関係者はだれも知りません。今回の実験を始めるにあたって、私はまず街頭でニューオーリンズのガイドブックを購入し、歩道でダイスを投げて行先を運に任せることにしました。そしてその結果、最初の行先はルイジアナ・スーパードーム（現在のシーザーズ・スーパードーム）に決まりました。

目的地に到着した私は、建物のまえに立ってテープレコーダーを回し、周囲の光景を描写しました。このときは「時刻は正午、建物は真昼の太陽に照らされてUFOのように輝いている」とテープに吹き込んだのを覚えています。でも、この私の言葉選びがあまり良くなかったことが後々発覚します。一方、SRIでは私の友人で同僚のエリザベス・ラウシャーがインタビュアーを務めていました。エリザベスはもともと、カリフォルニア大学バークレー校で理論物理学の教授をしていた人物です。そしてリ

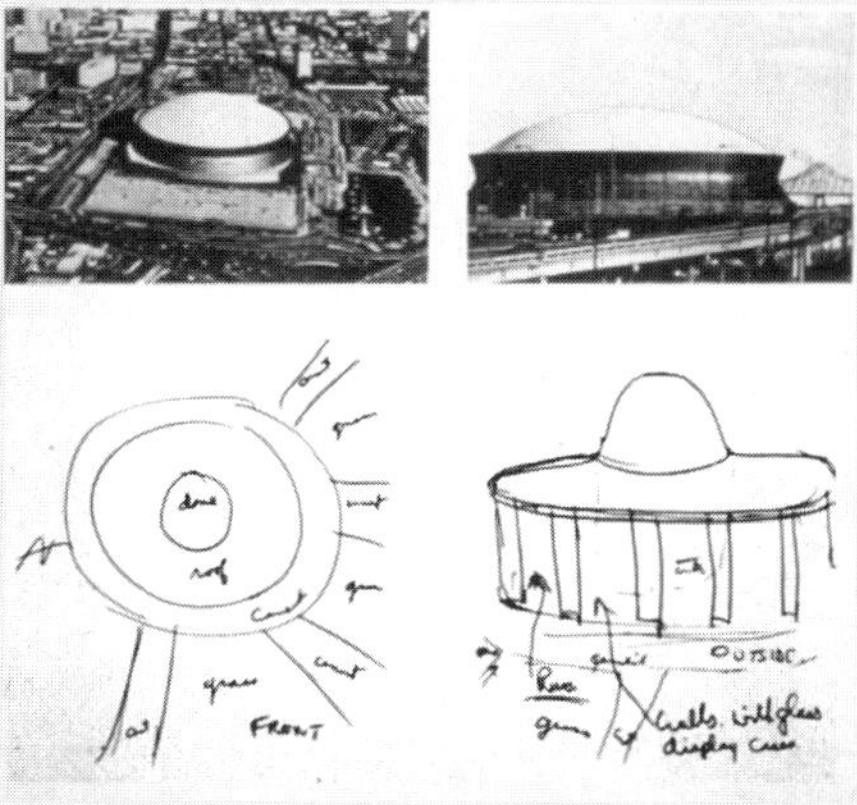

図24／実際のルイジアナ・スーパードームの写真とゲイリー・ラングフォードの的確なスケッチ。

モート・ビューワーはゲイリー・ラングフォードというＳＲＩのエンジニアで、彼はサイキック能力に関しては経験豊富という触れ込みでしたが、私たちと実験を行うのはこのときが初めてでした。なんでも、彼はハイスクール時代に野球チームに所属していて、ＥＳＰでボールの落下地点がわかるため外野手として活躍していたそうです。その話が決め手となって、私は彼にこのプロジェクトに参加してもらうことにしたのです。セッションが始まると、彼はＵＦＯのようなものが見えると説明してから、インタビュアーのエリザベスに「ラッセルは宇宙人に誘拐されたのでしょうか？」と尋

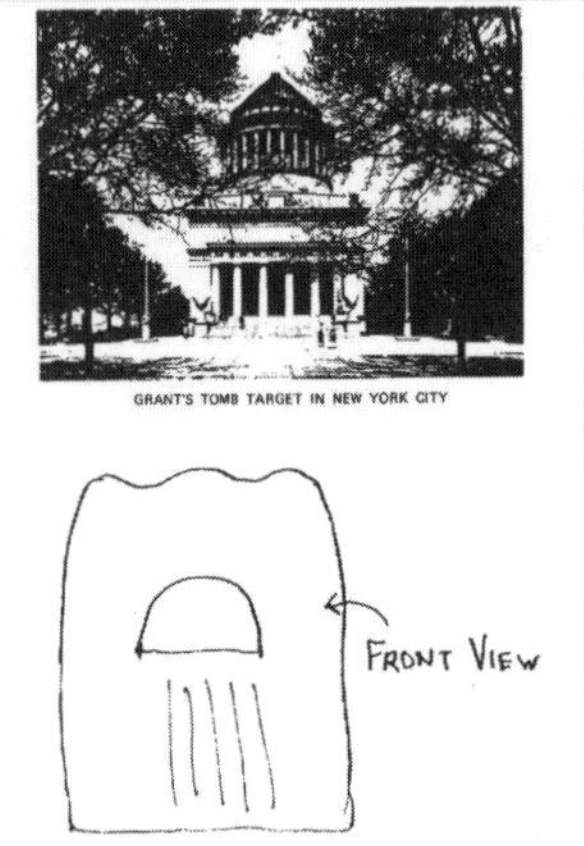

図25／グラント将軍の墓の写真と、ゲイリーが3,000マイル離れた場所から透視して描いたスケッチ。

ねました。エリザベスは「それはわからないわ。浮かんだ光景をそのままスケッチしてください」と答えます。すると彼は、図24のような的確なスケッチを描きました。

次に私が立ち寄ったのは、ニューヨークに住む父のところでした。そして父と娘のエリザベートを連れて、リバーサイド・ドライブで有名なグラント将軍の墓を訪れました。ゲイリーはインタビュアーに、私が正面に柱が並んだ建物に入って行くのが見えると話しました。さらに、私がだれかにお金を渡しているようだと言います。実際、私は売店で娘にお金を手渡していました。娘はそのお金で図25の写真を買っています。

その翌年の一九七九年、ゲイリーはアフリカに墜落したロシアの爆撃機Tu－22の発見に大きく貢献することになります。私たちが捜索を依頼された機体は密林のなかに墜落したため、木々に覆われ、衛星写真で発見することは困難でした。ゲイリーは国防情報局のデール・グラフと、もう一人のリモート・ビューワーであるローズマリー・スミス（ライト・パターソン空軍基地のパイロット）と協力してリモート・ビューイングを行い、地図上に半径三マイルの円を描いて山や川、村などがあることを示しました。そして離れたところに丘があり、濁った川が流れ、草木が生い茂っている場所に爆撃機の機体が隠れていると具体的な描写を始めます。さらに、川の水面から機体の一部が突き出ていることもわかりました。

ＣＩＡのヘリコプターが彼が指定したザイールのエリアに到着すると、すぐに機体の墜落現場が特定されました。ヘリコプターに搭乗していたＣＩＡエージェントが、現地の村人たちがジャングルから飛行機の部品を運び出しているのを目撃したのです。

そこはまさに、ゲイリーが地図上で示した墜落地点でした。墜落機の残骸からは、重要な偵察用の電信暗号が載ったコード・ブックまで回収されたそうです。二〇一八年に公開されたドキュメンタリー映画『Third Eye Spies』の冒頭のシーンでは、当時の大統領であるジミー・カーター元大統領によってこの出来事の経緯が語られています。

陸軍のリモート・ビューワーとして10年間にわたり活躍したジョー・マクモニーグル（図26）

第 6 章

ジョー（ジョゼフ）・マクモニーグル：政府のリモート・ビューワー第〇〇一号

アメリカ陸軍は、独自にサイキック部隊を設立しようと考えていました。カリフォルニアの私たちの力を借りなくても、拉致された士官やロシアの墜落機を捜索できるようにするためです。そこで陸軍は一九七八年、私たちに訓練の実施を申し入れてきます。その候補者三十名のなかから私が選んだのが、当時アメリカ陸軍情報保全コマンド（ＩＮＳＣＯＭ）の准士官だったジョー（ジョゼフ）・マクモニーグルです。ジョーの話では、彼はベトナムで戦闘任務に就いていたときにサイキック能力を駆使していたということでした。そこで、私は悩むことなく彼を六人の訓練生の一人に選びました。

ＳＲＩで最初の訓練を行ったとき、ジョーは六回のうち五回のテストで最高ランクの好成績を収めました。彼は優れたリモート・ビューワーであるだけでなく、才能溢れる芸術家でもあり、このプロジェクトにとってとても貴重な人材でした。ジョーのリモート・ビューワーとしての十年間の功績は、彼のすばらしい著書『Memoirs of a Psychic Spy: The Remarkable Life of U.S. Government of Remote Viewer 001』で詳しく知ることができます。

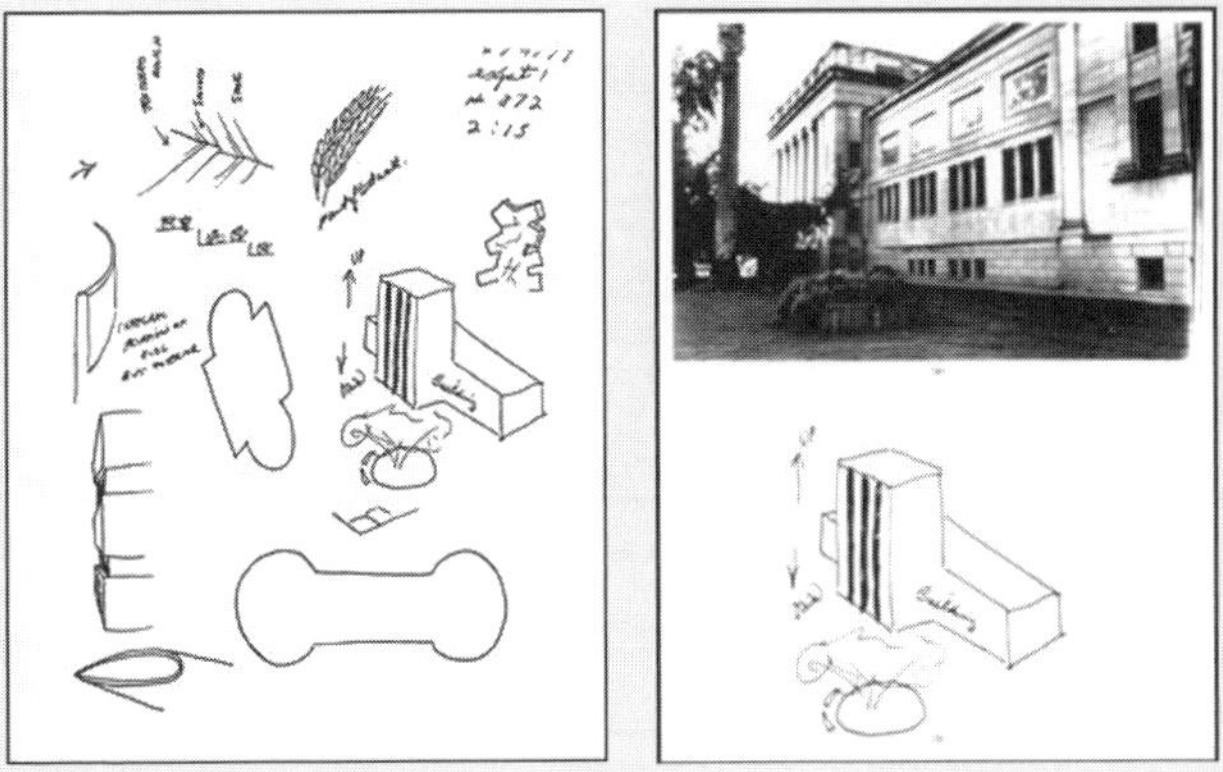

図27／ジョーが最初に行ったリモート・ビューイングでのスケッチ。

　SRIで実施したジョーの初めてのリモート・ビューイングでは、私の研究パートナーのハロルド・パソフがターゲットとして対象地へ行きました。私はジョーとスクリーン・ルームの椅子に腰掛け、ハロルドがいる場所を透視するように指示しました。すると、ジョーはノートの一ページに小さなスケッチをいくつも描き始めました。図27の左がそのときのものです。スケッチが多すぎると判定員の照合が困難になることを伝えると、彼は再び意識を集中して、それらのイメージが一つにまとまるかを確認したようでした。そして、図27の右下のスケッチを描いてから「高い建物と低い建物が見える。高い方はピアノの鍵盤のような形をしている」と描写しました。彼の優れたスケッチを見た判定員は、すぐに正解のスタンフォード大学の美術館〈カンターアートセンター〉と照合することができました。

この美術館の透視から十年が経った頃、ジョーはリモート・ビューワーとして新たなオファーを受けました。一九八〇年代初頭に私とハロルドがSRIを退所したことを受けて、まだリモート・ビューイングに興味を持っていた陸軍とCIAは、ジョーの存在がプロジェクト存続の鍵になると考えたのです。そしてSRIと同じく民間の研究機関であるサイエンス・アプリケーションズ・インターナショナル・コーポレーション（SAIC）のエド・メイ博士によって、私たちのリモート・ビューイングの研究を引き継ぐ新しいプロジェクトが立ち上げられました。

新たなプロジェクトで行う実験のために、CIAは透視対象者《ターゲット》を一名、SAICに派遣しました。そして風力発電所や核兵器開発施設など、エネルギーを扱う場所が特に優れたリモート・ビューイングのターゲットになり得るかを調査するため、二回のテストを実施します。CIAのターゲットはエド博士の研究室を出て、午前十時には

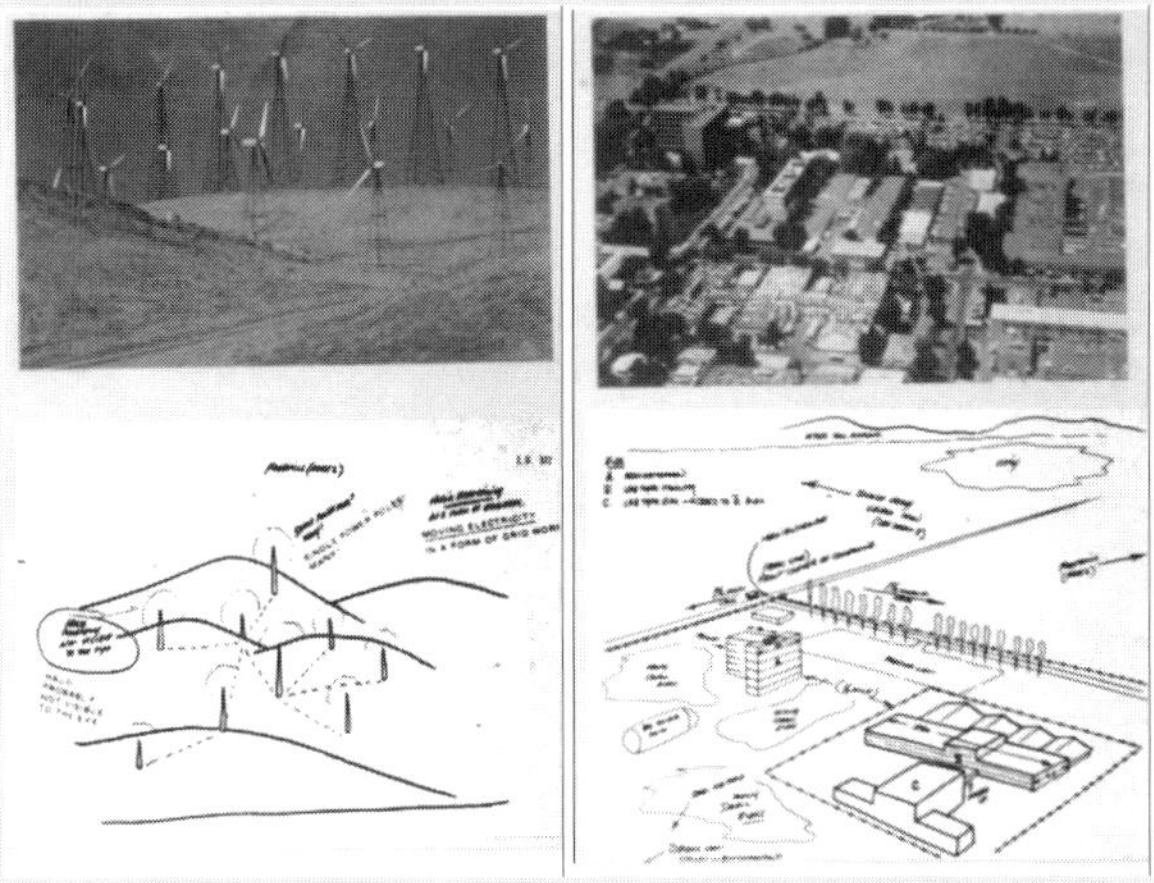

図28／リモート・ビューワーとして10年余りの経験を持つジョーが、ＣＩＡの新たなプロジェクトで透視したターゲット：（左）アルタモンテの風力発電所（右）ローレンス・リバモア国立研究所の核施設。

一回目のテストの対象地に到着します。そしてそこにしばらく留まったのち、正午に二回目のテストの対象地を訪れ、研究室に戻るという流れでした。もちろん、このテストもダブル・ブラインドで行われています。

　最初のターゲットは、ＳＡＩＣから五十マイルほど東にあるアルタモンテの風力発電所でした。ジョーのリモート・ビューイングはさすがに優れていて、高い塔や電気系統があることや、なにかが回転していることを知覚しました。そして次のターゲットはエド博士の研究所から百マイルほど東に位置するアメリカの核兵器研究開発施設、ローレンス・リバモア国立研究所でした。ジョーはここでも、六階建てでガラス張りのT字形の建物と、その隣にずらりと続く並木を正確にスケッチしました。ジョーはおよそ十年間にわたりリモート・ビューイングを続けていましたが、その能力は衰えることを知りませんでした。リモート・ビューイングは歳を重ねても鈍ることのない能力で、決して衰退することはないのです。

話は一九七八年に戻りますが、私たちは陸軍からの六名の訓練生に、それぞれ六回のテストを実施しました。六回のテストを行えば、六名それぞれが一回ずつランク一を獲得することが想定されました。つまり全三十六回のテストのうち、ランク一は合計六つになるはずです。でも、この頃にはリモート・ビューイングが広く知られるようになっていたことや、被験者がかなり意欲的な陸軍士官たちだったこともあり、結果としてランク一は合計十九にも及びました。これが偶然に起こる確率はほぼ百万分の一です。この六名の士官たちはその後十年間にわたり続けられる陸軍のリモート・ビューイング研究プログラムの中核を成し、CIAや国防情報局をはじめとする多く

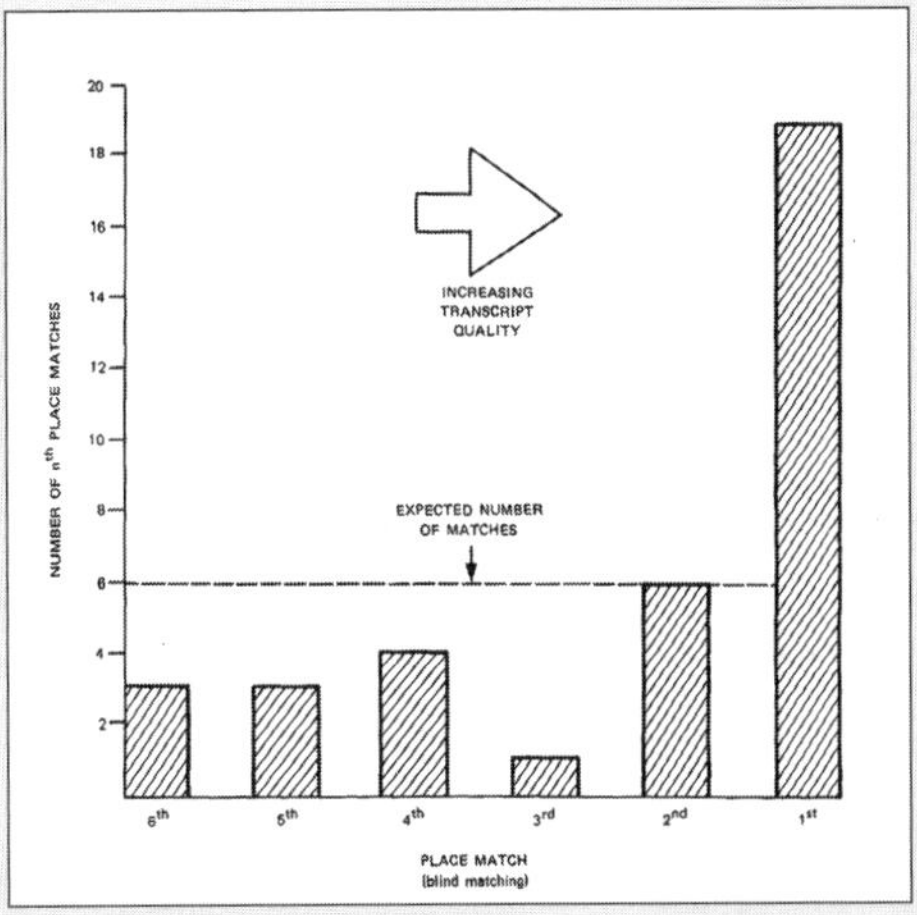

図29／陸軍の訓練生に向けて実施した全36回のテスト結果。これが偶然によって起こる確率は100万分の１。

の連邦政府の情報機関のために何百もの作戦任務を行うことになります。

陸軍の訓練生六名の全三十六回に及ぶテストが終わったあとで、私たちはあることに気がつきました。訓練生の一人、ハートリー・トレントが透視したのはすべて、翌日のテストのターゲットだったのです。これは当然、そのときは失敗と見なされていました。実は、彼はデューク大学卒業後にアメリカの超心理学の父であるＪ・Ｂ・ラインと仕事をした経験があり、予知能力に関してはかなりの知識を持っていました。ハートリーは、私とプロジェクトの顧問だったカリフォルニア大学デービス校の著名な心理学教授、チャールズ・タート博士に面白い提案をしました。それは、あらかじめ彼に透視を行わせておいて、そのあと私たちがランダムにターゲットを選ぶという実験です。そして後日、私たちはその実験を実施しました。ハートリーは透視を行ってその結果を書き留めたのち、私とタート博士が待機している遠くのトレーラーに電話をかけてきました。

タート博士は六十枚のスライドが入ったコダック社のカルーセル型映写機を私に手渡し「オーケー。ラス、あとは任せた」と言いました。私は映写機の回転式カートリッジを適当に回してスイッチを入れます。スクリーンに映し出されたのはフォードの販売店、それもSRIからそう離れていないエル・カミーノ・レアル（国道一〇一号線）沿いにある店舗でした。ほどなくして、ハートリーが私たちのところに到着し、透視の結果を吹き込んだテープを再生しました。その内容は「前面がガラス張りで、城のように尖った高い屋根の建物が見える」そして「その敷地のどこかに大きな星がある」というものでした。その後、私たちがフォードの販売店を訪問してみると、建物の前面がガラス張りで、そこには大きな星のマークが描かれていました。彼の予知

図30／ハートリー・トレントの未来予知実験の資料。

能力が優れていることが証明されたのです。

私たちの研究プロジェクトが終結に向かっていた頃、CIAから一人の若く明るい女性職員が訪ねてきました。彼女の仕事は、私たちの過去数年間のリモート・ビューイングの研究報告に虚偽がないかを調査することでした。彼女はフランシーヌという名で、機械工学の博士号を取得したのちCIAに入局したエージェントでした。なんでも、彼女がCIAのエージェントになったのは、世間から見れば常識はずれなこのプロジェクトを調査したかったからだと言います。

私はフランシーヌを被験者にして二度、リモート・ビューイングで〝対象者を捜す《ハイド・アンド・シーク》〟テストを行いました。このときもハロルドがサンフランシスコのベイエリア内にある対象地に向かい、フランシーヌはその場所の透視を試みました。すると意外にも、彼女はとても優れた結果を出しました。でも当の本人は、そんな私の言葉を鵜呑みにはできないと言います。意図的に誘導されていたかもしれないし、知らず知らずのうちに正解を吹き込まれたのかもしれないと。つまりインタビュアーを務めた私をとことん疑っていたのです。

フランシーヌは、今度はインタビュアーを付けずに一人きりで、さらに耳栓をした状態でリモート・ビューイングを試してみたいと言いました。そこで私はハロルドと一緒にランダムに選んだ対象地に行って写真を撮り、そのあと彼女の透視による描写を録音したものと照合することにしました。私たちも被験者を信用しては実験が成立しないので、外から研究室のドアにガムテープで封をさせてもらいました。そして事務室に行って秘書にHP社の電卓で乱数を生成するように指示し、六十枚の運転指示書のなかからその数字と同じ番号のものを受け取ります。これらはすべて、私たちが普段から行っていたやり方です。その結果、このときの対象地はリンコナーダ・パークのメリーゴーラウンドに決まりました。そこは数年前、私たちのプロジェクトが始まったばかりの頃にターゲットとなった、あのプール施設のある公園でした。

私とハロルドは対象地に到着すると、テープレコーダーを回して楽しそうに騒ぐ子どもたちの声を録音し、メリーゴーラウンドの写真を何枚も撮りました。研究室に戻ると、ドアに貼ったガムテープは破けておらず、フランシーヌは数枚のスケッチを並べて待っていました。なにを描いたのか訊いたのですが、彼女自身もわからないようでした。〝クプラ〟という言葉も浮かんだと言うのですが、フランシーヌはその言葉の意味も説明することができません。

それから数年が経った頃、私は精神科医でロシア語の翻訳家でもある娘のエリザベートとともに、有名なロシアのサイキック能力者、ジュナ・ダビダシュビリを訪ねモスクワに向かいました。その目的は、私がインタビュアーとなり、ジュナにサンフランシスコにいる私の同僚を透視してもらうことでした。娘の通訳を介して三十分ほどジュナと会話をしましたが、そのなかで私が唯一認識できたロシア語の単語は〝クプラ〟です。そう、このとき私の同僚がいた場所はメリーゴーラウンドだったのです。

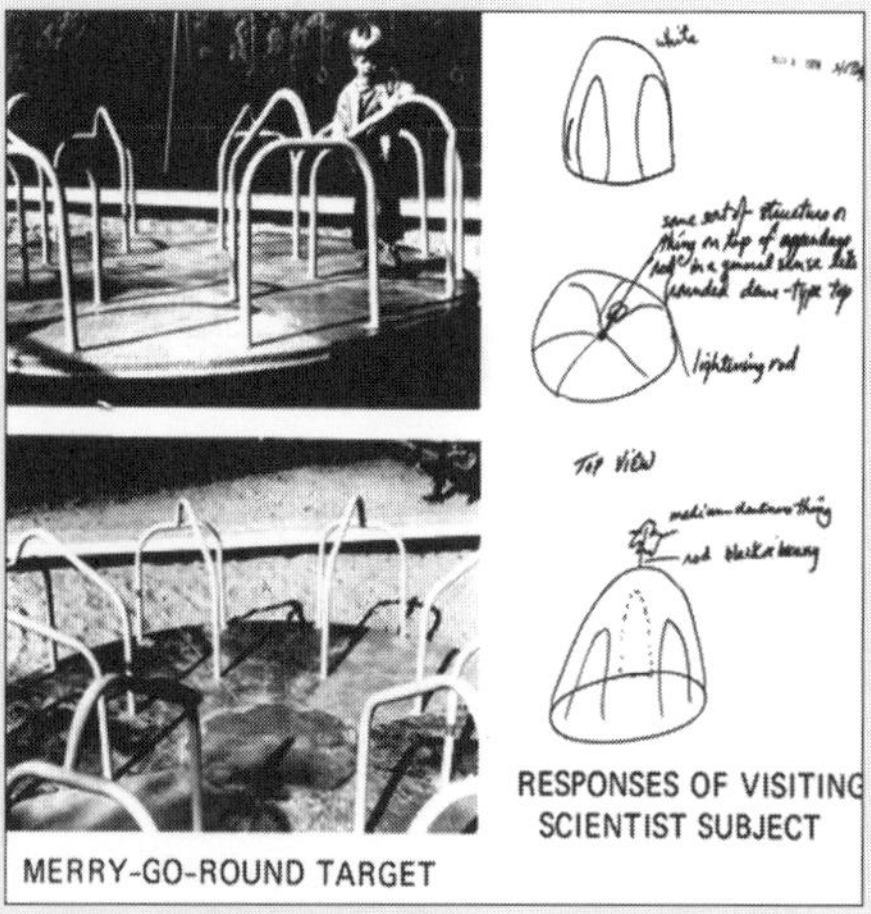

図31／フランシーヌが透視したリンコナーダ・パークのメリーゴーラウンド。

　ＳＲＩで実験を行ったとき、フランシーヌは「中央の柱を、鉄の構造物が囲っている」と言っていました。図31の左は私たちが撮影した現地の写真、右はフランシーヌが描いたスケッチです。その後のフランシーヌとの長い付き合いのなかでわかったのは、彼女は私たちの研究室を初めて訪れたとき、サイキック能力に疎い人間を装っていたということです。実は、彼女は生来のサイキック能力者でした。ＣＩＡはフランシーヌの優秀な能力に強い関心を示し、ＳＲＩのプロジェクトを廃止したのちに設立した独自のリモート・ビューイング・プロジェクトで

図32／グリル・フレイムのオリジナル・ロゴ。

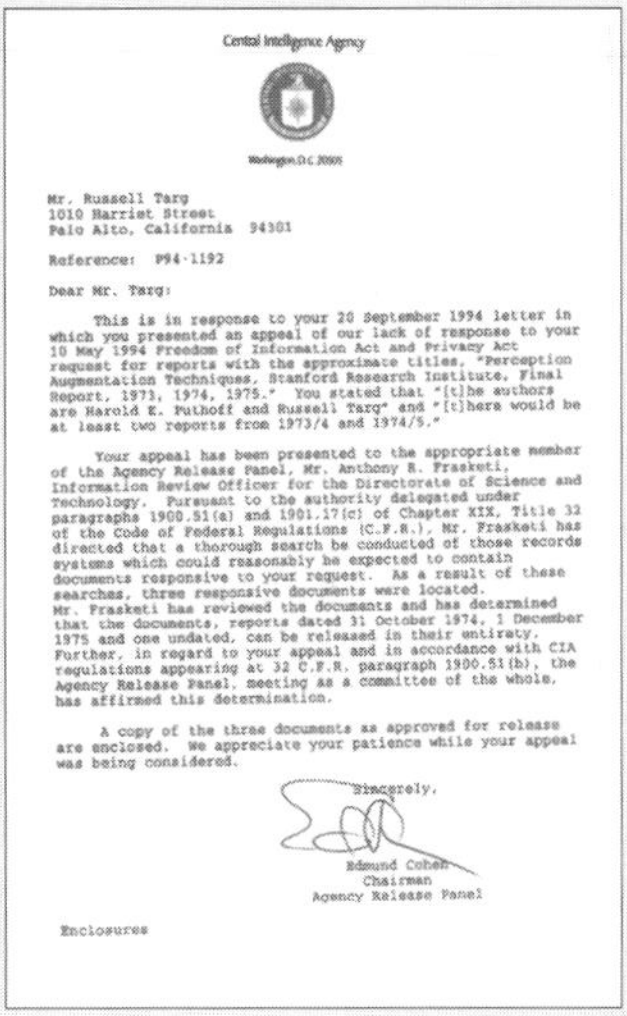

Central Intelligence Agency

Washington, D.C. 20505

Mr. Russell Targ
1010 Harriet Street
Palo Alto, California 94301

Reference: F94-1192

Dear Mr. Targ:

This is in response to your 20 September 1994 letter in which you presented an appeal of our lack of response to your 10 May 1994 Freedom of Information Act and Privacy Act request for reports with the approximate titles, "Perception Augmentation Techniques, Stanford Research Institute, Final Report, 1973, 1974, 1975." You stated that "[t]he authors are Harold E. Puthoff and Russell Targ" and "[t]here would be at least two reports from 1973/4 and 1974/5."

Your appeal has been presented to the appropriate member of the Agency Release Panel, Mr. Anthony R. Frasketi, Information Review Officer for the Directorate of Science and Technology. Pursuant to the authority delegated under paragraphs 1900.51(a) and 1901.17(c) of Chapter XIX, Title 32 of the Code of Federal Regulations (C.F.R.), Mr. Frasketi has directed that a thorough search be conducted of those records systems which could reasonably be expected to contain documents responsive to your request. As a result of these searches, three responsive documents were located.
Mr. Frasketi has reviewed the documents and has determined that the documents, reports dated 31 October 1974, 1 December 1975 and one undated, can be released in their entirety. Further, in regard to your appeal and in accordance with CIA regulations appearing at 32 C.F.R. paragraph 1900.51(b), the Agency Release Panel, meeting as a committee of the whole, has affirmed this determination.

A copy of the three documents as approved for release are enclosed. We appreciate your patience while your appeal was being considered.

Sincerely,

Edmund Cohen
Chairman
Agency Release Panel

Enclosures

図33／CIA からラッセル・ターグに発行された、SRI リモート・ビューイング・プロジェクトの機密情報公開の許可証。

は、彼女を副幹事に選任しています。

ＳＲＩの私たちのプロジェクトは、一九七三年の設立当時〝グリル・フレイム〟という機密コードで呼ばれていました。図32はその当時の〝グリル・フレイム〟のロゴで、これは陸軍の無名のアーティストによって描かれたものです。

一九七八年、私たちのプロジェクトはフォート・ジョージ・Ｇ・ミード陸軍基地で軍に引き継がれることになりますが、そのときの最終的な名称こそが、いまでは広く知られている〝スターゲイト〟なのです。スターゲイト・プロジェクトは、私の息子で弁護士のニコラス・ターグの働きにより一九九五年に機密指定を解除され、今日、こうして公開することができるようになりました。

第７章

予知能力
：未来という幻想

〝物理学を信じる私たちにとっては、過去、現在、未来という概念など、執拗に付き纏《まと》うただの幻想に過ぎません〟

——アルベルト・アインシュタイン

一九五五年三月二十一日

親友ミケーレ・ベッソの死後、遺族に向けた手紙より

アインシュタインは時間の本質に対する誤解について、数多くの論文やエッセイを書いています。物理学者にとって、時間の流れは水車を回す川の流れのようなもので、それを測定する計器などありません。時計は脱進機《エスケープメント》のカチカチという音を数えるだけで、時間の流れを示してはいないのです。でも、想像のなかで時の川を下っていると、前方に乱流が見えることがあります。それは、まだ見えてこない川下のカーブや大きな石によって生じているのかもしれません。その白く泡立つ乱流は、未来で待ち受けている困難の前兆なのです。

私たちは時間と空間を超えた意識によって未来を見ることができます。そして、そ

れを裏付ける確固たる証拠も存在しています。予知、あるいは予見とは、それが意識的であれ無意識的であれ、自然な物事の成り行きからは予測し得ない未来の出来事を認識することを言います。それは見方を変えれば、未来の出来事が時間を遡及《そきゅう》して私たちの意識に現れている、つまり未来は現在に影響を及ぼしていると考えることもできるのです。この章では、未来を見る能力が確かに存在することについて解説しながら、研究や普段の日常から得られたとても説得力のある証拠の数々を紹介していきたいと思います。まず大前提として忘れてはならないのは、サイキック能力は研究室で発明されたものではないということです。この能力は世界中のあらゆる場所で自然発生的に見受けられてきました。それも、数千年もまえからです。

哲学者のルートヴィヒ・ウィトゲンシュタインはこう述べています。〝語り得ぬものについては、沈黙せねばならない〟（注1）これは彼の最初の著書『論理哲学論考』の結びの言葉で、科学者や哲学者は検証も反証もできないもの、たとえばチョコレートはバニラよりも美味しいという考えについて、はっきりとしたことは書けないとする見解です。〝神は宇宙を創造したのか？〟〝意識は物質か非物質か？〟といった問いは多くの人々を悩ませます。でも、その答えを出すための実験や測定方法は存在しないのです。

私は今日に至るまで（特にリモート・ビューイングに関しては）、検証は不可欠である、という考えのもとに研究を行ってきました。でも、これから紹介するデータや実体験は、時間や因果関係に対する通常の理解を覆すものです。つまり、私たちの認識には完全なる誤りが含まれていることを示唆しています。これは深刻な問題です。なぜなら、物理学者の考えからすると、因果関係を理解していないのはなにも理解できていないのと同じことなのです。

物理学者なら、何百マイルも離れた場所で起きていることを知覚できるという考えは受け入れられるかもしれません。アプトン・シンクレアの『メンタル・ラジオ』にも少し似た考えが見られます。ESPで離れた場所にあるものが見えるのは、通常の視覚と同じように、そこになんらかの因果関係があるように思えます。一方、未来の出来事が見えるというのは、物理学者には恐ろしいほど非因果的に感じられるのです。実際、シンクレアの『メンタル・ラジオ』に序文を寄せたアインシュタインも、その文中でＥＳＰに関心を示しています。（注２）ただ、起きるまえの出来事を探るというのは、認識論的に大きな抵抗を生むこともあります。

物理学者は、力は質量と加速度の積である（F＝ma）というニュートンの運動の法則を信じています。これは簡単に言えば、ショッピングカートを押したときの加速度は、押した力に比例するという法則です。そこには、カートの動きは押すまえにはなく、押したあとに起こるという暗黙の前提があります。これは通常の因果関係であり、先に原因があって、そこから結果が生まれるという時系列です。でも、何十年にもわたり未来予知を研究したデータを見ると、飛行機に乗るはずだった人が前日の夜に事故の夢を見て、予定を変更したところ九死に一生を得たというケースがあります。これは、因果関係の時系列が逆になっているのです。

たとえば、二〇〇一年九月十一日の同時多発テロに目を向けてみると、世界貿易センター、ペンタゴン、ペンシルバニア州の農場に飛び込んだ四機の航空機はかなり空席が目立っていたという興味深いデータがあります。このテロが起きた日、私は会議に出席するためイタリアのアッシジにいたのですが、二〇〇一年九月十二日発行の

『インターナショナル・ヘラルド・トリビューン』紙はいまも保管しています。その記事によれば、運命の日にハイジャックされることとなった航空機は、驚くべきことに四機いずれも搭乗者が普段の半数以下だったそうです。四機の座席利用率はたったの三十一パーセントだったとも書かれています。異例の空席が一機であればそれはたまたまだと言えますが、四機すべてとなると話は変わってきます。予約はされたものの発券されなかった航空券が多くあったらしく、今日は飛行機に乗らない方がいいと直感した搭乗予定者がかなり多くいたことが窺《うかが》えます。

また、鉄道事故についてW・E・コックス社が（J・B・ラインのデューク大学研究室で）調査を実施したところ、一九五〇年代に東海岸で事故や脱線を起こした列車の乗客数は、いずれもほかの日に比べて（その日の天候を考慮したとしても）著しく少なかったそうです。（注3）こうしたデータは、人には直感で未来を予知して危険を回避する能力が備わっていること、そしてその能力が実際に発揮されていることを示す有力な証拠であると言えます。

予知夢というのは、一般的な人の生活に現れるもっとも身近な超自然現象ではないでしょうか？　予知夢は翌日や近い未来に起こる出来事を夢で見るという現象ですが、これは夢を見ている現在の意識（脳）が、なんらかの体験をしている未来の意識（脳）と強く結びついたときに起こると考えられます。この現在の意識と未来の意識の相関関係は、中枢神経系の量子もつれによるものかもしれません。偉大な物理学者のデヴィッド・ボームは、これを〝クアンタム・インターコネクテッドネス〟（量子の相互接続）と呼びました。

一九二六年にこの量子もつれ、あるいはエンタングルメントを発見したエルヴィン・シュレーディンガーは〝それはもつれと言うより、むしろ特性と呼ぶべきものかもしれない〟と述べています。（注4）シュレーディンガーは一九三三年、その先駆的な理論的研究が評価されノーベル物理学賞を受賞しています。また、二〇二二年十月には、シュレーディンガーの考えを実験的に実証したことで、アラン・アスペ、ジョン・クラウザー、アントン・ツァイリンガーという三名の物理学者がノーベル賞を受

賞しました。（注5）

　余談ですが、私は一九七二年にバークレーにあったジョン・クラウザーの簡素な研究所を訪れています。ロイターが〝不気味な謎に迫った量子科学の探偵たちがノーベル物理学賞を受賞〟という見出しで彼らの快挙を報じる五十年もまえに、彼はそこで光子（光の粒子）を使ってシュレーディンガーの量子もつれを初めて実証したのです。彼がノーベル賞を受賞するちょうど一ヶ月前の二〇二二年九月には、国際リモート・ビューイング協会（IRVA）によってSRIのリモート・ビューイング研究五十周年が祝われました。SRIは『ネイチャー』誌や『Proceedings of the IEEE』誌などに心躍るような数々の発表をしてきましたが、ノーベル賞の受賞には（現在のところ）至っていません。

　私の考えでは、予知夢は未来の実際の体験によって引き起こされます。窓の外を象が通る夢を見て、朝起きたら近所の通りで象に先導されたサーカスのパレードが行われていた（しかも初めて見る光景だった）としたら、その夢は翌朝、実際に象を見た体験に起因していると言えるのです。

見た夢が予知夢かどうかを判断するには、その夢が（a）心に残ったままの思念（b）願望（c）不安によって引き起こされたもののどれかではないことを確かめます。予知夢の特徴としては（A）異常に明瞭（B）奇妙で見慣れないものを含んでいる、という傾向があります。夢の専門家は往々にして、予知夢は夢とは思えないほど鮮明だと説明しています。そうしたはっきりとした夢は、自分の願望や不安が表れたものではありません。

私たちが普段見ている夢には、自分の願望を満たすものがあります。だれにでも、夢に素敵な異性が出てきたことはありますよね？　夢に不安が表れることもあります。試験に落ちる夢を見たことがある方は多いのではないでしょうか？　心に残ったままの思念から夢が生まれることもあります。これはカヌーで転覆するなど、実際に経験したことを繰り返し見る夢です。これらはどれも興味深い夢ではありますが、予知夢ではありません。一方、飛行機には数えきれないほど乗ってきたのに、ある日突然、墜落事故に遭う悪夢を見たとしたら、その旅行計画は見直したほうがいいかもしれません。

私もときどき、とてもはっきりとした予知夢を見ることがあります。私の場合、予知夢はいつも奇妙で、普段の日常生活の範疇《はんちゅう》から外れた内容です。そして先ほど説明したように、やけに鮮明な夢なのです。ただの思い込みでないことを確かめるためには、予知夢かもしれない夢を見たときはその内容を書き留めるか、だれかに話しておく必要があります。驚くほど鮮明な夢を見たとしても、それが現実になるまえに記録しておかなければ忘れてしまうかもしれません。また、見た夢が予知夢かどうかを確信することができなければ、実際に行動に移すこともむずかしいでしょう。

ここで一つ、私の体験談をお話しします。私は夢の内容を記録こそしませんが、近いうちに現実になると確信したときは、妻にどんな夢を見たか話しておくようにしています。そのときの夢は、我が家のリビングの天井にある正方形の梁《はり》の上を、おもちゃの電車が走っているという内容でした。ドイツのメルクリン社が販売しているような、箱型の鉄道模型がはっきりと見えたのです。でも、悪い夢という印象はありませんでした。私には鉄道模型を集める趣味はありませんが、四十年前にべつの家に住んでいたときは子どもたちが持っていました。

図34／シカゴの高架鉄道の環状線〈ループ〉

その夢は、私が予知夢だと判断する五つの要素をすべて満たしていました。そこで私は、妻に夢の内容を話してから、コーヒーカップを片手に自宅のオフィスに入りました。そしてパソコンを起動して『ニューヨーク・タイムズ』のホームページを開くと、図34の写真が目に飛び込んできたのです。これがどういったものかおわかりでしょうか？この写真とともに大きく報じられていたのは、私が生まれ育ち、父が書店を開いていたシカゴのダウンタウンを走る高架鉄道の環状線〈ループ〉の修復と架け替え工事が行われるというニュースでした。そしてそこには、まさに夢に出てきたような箱型の電車が環状線を走っている光景が写っていたのです。すべてが夢で見たままで、本当に驚いたのを覚えています。

このようなケースでは、眠っている自分と未来の起きている自分との間にもつれが生じていると考えられます。つまり私の予知夢の源となっているのは、未来の自分の体験である可能性が高いのです。リモート・ビューイングの研究でも、結果のフィードバックは不可欠ではないにせよ、それが過去に遡り大きな影響を与えることが明確に示されています。

私には何度か、夢の内容をだれかに伝えておくのをうっかり忘れてしまい、それが翌日に現実になったという経験があります。私たちはこれを第一種過誤《かご》（正しい仮説を棄却してしまうこと）と呼んでいます。また同様に、不思議な夢を見て内容を妻に話しておいたのに現実にはならなかったこともあります。これは第二種過誤（誤った仮説を採用してしまうこと）と言います。間違っている可能性のある仮説を報告しないのは、ナンセンスを否定することが不可欠な科学者の世界では良い選択です。でもそれが人の命に関わるようなことである場合、たとえ間違っている可能性があったとしても、事故が起こり得ることを事前に伝えないのは悪い選択です。

たとえば、こんなエピソードがあります。私たちのプロジェクトに関わっていたあるＣＩＡ職員が、べつの任務で同僚とデトロイトに滞在していたときのことです。任務を終えてデトロイトを離れる前夜、彼はベッドに入ったのがとても遅くなったにもかかわらず、なかなか寝付けなかったそうです。そしてようやく眠りにつくと、飛行機が墜落して炎上するという悪夢を見ます。翌日、夜にはデトロイトを発つ予定だった彼は、起きてからずっと昨夜の夢のことが気になっていました。その夢があまりにもリアルだったので、彼は悩んだ結果、用心するに越したことはないと考えてフライトをキャンセルしました。一緒に帰る予定だった同僚には、デトロイトにもう一泊することにしたとだけ伝えたそうです。

もちろん、彼も本当に飛行機が墜落するなんてあり得ないと思っていました。でもその一方で、ＳＲＩの研究室で超自然現象を目の当たりにした経験が、彼に飛行機に乗ることをためらわせたのです。それに家には幼い娘もいたので、まだ死ぬわけにはいきませんでした。私たちは皆が感じていることですが、彼もまた、周りからスピリチュアルで変わった人に見られたくなかったので、同僚には出発を遅らせる理由を話さなかったのです（さらに政府の特定の部署では、同僚の行動に対して多くを訊いてはいけないことになっています）。そしてその日の夜、同僚を空港に送り届けた彼が車で走り去ろうとしたとき、くぐもった爆発音が聞こえました。離陸した飛行機が直後に墜落するという事故が起きたのです。この事故では彼の同僚を含む、多くの乗客が犠牲となりました。それから一週間は、私から見ても彼は相当なショックを受けていました。

これは未来の出来事が過去に影響を与えた一例です。そして、こうした事例には膨大な数の報告があります。では、この実際に起きた話をどのように結論づけることができるでしょうか？　まず、飛行機に乗るときに多少の不安を感じることはだれにでもあると思います。もっとも、私自身は墜落事故の夢は見たことがありませんし、彼もそんな夢は初めて見たということでした。彼は職業柄、飛行機で移動することはかなり頻繁にありました。それまでのフライト数は数えきれないほどです。そんな彼が墜落事故に遭う夢を見るというのは、調べるまでもなくやや珍しいことだと推測できます。でも彼は結果的に事故に巻き込まれず、墜落を目撃しただけに終わりました。ここで、サイキック能力を研究するうえで避けて通れないある疑問が浮かびます。予知した情報を使って望ましくない未来を変えることができるのでしょうか？　ここで問題となるのはもちろん、未来を変えたとしたら、そもそもその予知夢はどこから来たことになるのか？　という点です。この疑問に対してはかなり合理的な考え方が二通りありますが、もしかしたら両方とも正しいかもしれません。

予知夢は神のお告げではありません。そのときアクセスできるあらゆるデータや世界線に基づいた予報なのです。もしこの世界を巨大な四次元の時空間キューブとするなら、私たちはパンくずをたどるヘンゼルとグレーテルのように、三次元の部分を移動していると考えることができます。同様に、私たちは毎秒一秒の速度の時間軸に沿って移動しています。つまり私たちは、あらゆる空間と時間を構成する巨大な時空間キューブの、空間三次元と時間一次元という道を辿っているということになります。そしてその道は、個別の世界線として知られています。もし私が予知夢から得た情報を活用したいと望めば、未来を変えることができるのです。

たとえば、私がある女性と食事に行きたいと思っていたところ、ある日、馴染みのないレストランで彼女と会っている夢を鮮明に見たとします。私はこの夢の特徴から、近い未来に現実となることを察します（もっとも、これは願望を満たす類《たぐい》の夢である可能性もあります）。でもこの時点で夢のことを相手に直接話してしまえば、こんな答えが返ってくるかもしれません。「雰囲気のいいレストランがオープンしたから本当に誘うつもりでいたけど、あなたの夢に従う女だと思われたくないから今日はやめておくわ」

これは、哲学者のバートランド・ラッセルが階型《かいけい》理論で説いているような、自己言及による悪循環のパラドックスとも言えます。予知夢はあくまで、そこから得た情報に基づいて実際に行動を起こさない限り、こうした出来事が起こるという予報です。それを受けて行動を起こしたとしても、それは未来を改ざんしたことにはなりません。そこにパラドックスはないのです。これは多くの混乱を招いているので、ここで仮説に基づいた例を挙げてわかりやすく解説しましょう。

たとえばスパイからの情報で、敵が攻撃を仕掛けようとしていることを知ったとします。これは予知夢のメッセージに相当します。そこでこちらから先手を打って、敵を追い払ったとしましょう。この場合は当然、未然に防いでいるので敵から攻撃される未来はなくなります。でも、情報が誤報だったとしてスパイが解雇されることはありません。スパイはあくまで未来に起こり得ることを伝えたのであって、その情報を得て対処していなければ現実になっていたはずだからです。

ここで次に浮かぶのは、実際には回避したのなら、どうして飛行機事故に遭う夢を見たのか？　という疑問です。その答えは、最初の疑問の答えとは全く異なります。実際に起こる墜落事故を夢で見たことで、自分もその当事者に含まれているのだと認識しているのです。先ほど紹介した飛行機事故のエピソードでは、ＣＩＡの彼は至近距離で墜落事故を見ていますし、本来は搭乗するはずだったこともあって、自分も飛行機に乗っていると認識したということになります。翌日の午後に恐ろしい墜落事故を目撃するという体験が、時間を遡り前夜の夢を引き起こしたのです。

未来が過去に影響を与えるという概念は逆因《ぎゃくいん》果律《がりつ》と呼ばれ、ほとんどのタイプの未来予知の原則とも言えるかもしれません。この逆因果律による未来予知は、必ずしも直接的にその出来事を知覚・体験していなくても起こり得ることを知っておくこと、理解することが大切です。ニューヨーク市立大学の心理学教授ガートルード・シュマイドラーが一九六四年、コンピューターが生成したターゲットを用いて（あらかじめ対象範囲が知らされている）強制選択式の未来予知テストを行ったところ、結果のフィードバックを一切受けていない（実際には未来で結果を見ていない）被験者たちが統計的に有意となる結果を示したそうです。（注6）

逆に、未来の出来事が過去を変えてしまうことは起こり得ないと私は確信しています。すでに起こった出来事を、過去に介入して起きないようにすることは不可能なのです。これは〝親殺しのパラドックス〟と呼ばれ、時間を遡って幼い頃の自分の祖母を殺してしまうと自分は存在できなくなる、あるいはもともと存在しなかったことになるという思考実験が有名です。こうしたことを考えるのは面白いのですが、そもそもこの手の矛盾が起こり得ることを示す証拠は一切ありません。ペルシャの詩人で天文学者であったウマル・ハイヤームは、一一〇〇年頃に著したとされる不朽の四行詩集『ルバイヤート』の有名な詩のなかで、過去の出来事は不変であることを次のように美しく表現しています。

〝指を動かし文字を書き、文を綴り終えれば、
もう戻ることはない。いかに敬虔《けいけん》で賢くあろうとも、
その半行も消し去ることはできず、
いくら涙を流そうとも、その一文字も洗い流すことは叶わない〟

私たち物理学者の間では〝時間の矢〟と呼ばれる時間の不可逆性、つまりなぜ時間は過去から未来の一方向にしか進まないのかは未解決の問題です。熱伝導、拡散、化学反応、そして私たち人間の悲しい老化などの現象は、時間と逆行することはないと言えます。これらの現象は、経過を観察している動画を見れば通常再生なのか逆再生なのかが一目瞭然です。その一方で、どちらの方向にも変化する可逆的影響も多く存在します。たとえば、電磁気力、電波伝播《でんぱ》、摩擦力がない状況下での力学の法則など

がこれに該当します。逆説的ではありますが、振り子の動きもそうですね。つまり、時間の不可逆性は法則というより事実というほかありません。すべては観察される事象がどのようなタイプのものかによるのです。

チャールズ・ホノートンとダイアン・フェラーリという二名の研究者が未来予知の研究データを網羅的にまとめたところ、一九三五年から一九八九年にかけて、六十二名の研究者によって三百九件もの実験が行われていたことが明らかになりました。(注7) 被験者の総数は五万人以上、テスト回数は累計二百万回以上にも上ります。そしてそれらのわずか五パーセントほどが統計的に有意となると推測されるのに対し、実際には三十パーセントが有意、つまり人が未来の出来事を予知できることを示す結果となっていると報告されています。全体として見ると、この結果が偶然生じる確率は十億分の一を超えています。これは、七十枚のコインを空中に投げて一枚残らず表が出るような確率です。この一連のデータは未来予知が実在することを裏付ける非常に強い証拠（ただの偶然とするにはあまりにも無理がある数値）であり、時間という概念に対する私たちの理解に誤りがあることをはっきりと示しています。

超心理学者たちは長年にわたり、被験者の予知能力を引き出す方法を模索してきました。先の三百九件の実験は強制選択式と言って、四色のランプのうちどれが点灯するか、五枚のカードのうちどれを見せられるか、といったかたちで被験者が選択を行う方法を採用しています。いずれの実験でも、乱数を生成する機器を使ってターゲットが選択され、研究者もそれを知ることができない状況下でテストが行われました。そして被験者は与えられた選択肢のなかから、のちほど見せられる正解を予想しています。

こうした実験の一部、たとえば先述したシュマイドラーが一九六四年に実施したテストなどでは、被験者はランダムに生成されるターゲットを予想するだけで、実際はどれが正解だったのかという結果のフィードバックは一切受けていませんでした。この研究データからは、二つの重要な情報を得ることができます。一つは予知能力の存在には確実とも言える証拠があること、そしてもう一つは、実験方法によって成功しやすいものとそうでないものがあるということです。

実験の結果に大きく関わってくるポイントが四つあることもわかっていて、実施の際はこれらを念頭に置くことが重要になってきます。まず一つ目のポイントは、未来予知の実験に参加した経験が豊富で、なおかつ結果に関心のある人を被験者に選ぶということです。このような被験者を対象に実施した実験は、関心の低い被験者を対象にするよりも遥かに良い結果が出ます。たとえば、学校の教室で退屈している生徒を集めてESPのテストを実施しても大した成果は期待できませんが、それにもかかわらず研究者はこうした被験者を対象に実験を続けています。さらに、高い関心を持っている被験者は往々にして、グループのなかでもっとも優れた結果を出します。経験の有無によるテスト結果を調査したところ、統計的に有意な差が見られました。

二つ目のポイントは、実験は被験者をグループとしてまとめて行うよりも、個別に実施する方がより良い結果が得られるということです。被験者一人一人にしっかりと向き合うことが、結果として成功につながるのです。個人とグループを比較した成功度にも、顕著な有意差が認められています。

三つ目のポイントは、フィードバックの重要性です。私はこれまで幾度となく、フィードバックがもたらした効果のほどを目の当たりにしてきました。予知能力に関しては、あとで正解を見せられたときの体験そのものが、過去に遡って予知の源になることが多い（そうでないときもありますが）のです。この見解が正しいことは強制選択式のテスト結果によってはっきりと裏付けられています。

そして四つ目のポイントは、被験者がフィードバックを受けるのが早ければ早いほど、的中率が高くなる傾向にあるということです。強制選択式のテスト結果を見ると、遠い未来よりも近い未来の方が予知しやすくなるようです。研究室での実験データでは、数秒から数分後の出来事は予知できた被験者も、数時間から数日先となると困難になったことが示されています。そしてこれは自然発生的な予知にも当てはまるようです。もっとも、遠い未来の出来事を夢で見たとしても、それが予知夢であったことを知るまえに忘れてしまうケースが多いのではないかとも考えられます。

重要な四つのポイントをまとめると次の通りです。

1　被験者の経験（または素質）の有無
2　個別に実施するかグループで実施するか

3　フィードバックの有無
4　被験者による予知からターゲット生成までの時間間隔

ここで五つ目のポイントを付け加えておきます。ここまで説明してきた理由から、リモート・ビューイングなどは自由回答式のテストの方が遥かに良い結果が得られます。強制選択式のテストでは、大敵である推測や分析を助長してしまうためです。

先ほどのチャールズ・ホノートンとダイアン・フェラーリが分析した一連の研究データのなかには、この四つのポイントをすべて押さえた実験と、一つも押さえていない実験が含まれていました。結果はやはり、前者の実験の八十七・五パーセントが統計的に有意という結果を得ている一方、後者の実験で有意という結果が出たものは一件もありませんでした。現在では、こうした実験は常に好条件の下で実施されているので、サイキック能力の研究はこの五十年間で大きく進歩したと言えます。実際、私たちはとても多くのことを学んできました。

たとえば、強制選択式のＥＳＰテストは被験者のサイキック能力を引き出すには非常に不都合であることがわかっています。先ほどの研究では、結果を得るまでに平均で三千六百回もの試行を行っています。これがリモート・ビューイングのような自由回答式のテストでは、通常六回から九回のテストを行うだけで済むのです。第４章で紹介したヘラにも予知実験を実施しましたが（『Proceedings of the IEEE』誌に論文を発表しました）、その際に私たちが選んだターゲットは合計四つでした。そして彼女はそのすべてを正確に予知しています。

胸騒ぎを感じることはだれにでも経験があると思いますが、これは将来起こるであろうことを内面的に察知していると考えられます（大抵は悪いことです）。また、なにかが起こりそうだという感覚や直感を表す〝予感〟という言葉もあります。道を歩いていたら突然不安を感じて立ち止まると、建物のベランダから鉢植えが降ってきて間一髪、当たらずに済んだというようなことは、そうした予感がうまく働いた例と言えます。

私も最近、予感に助けられたことがありました。ある金曜日の夕方、私はデスクで請求書の整理をしていたのですが、もしクレジットカードを失くしたらどうしようと急に心配になりました（それまでクレジットカードを紛失したことは一度もありません）。まるで強迫観念のような不安を感じたので、私は作業を中断して隣の部屋に置いてある財布からクレジットカードを取り出し、駆り立てられるようにカード番号を手帳に書き留めました。

翌日、私はパロアルトの目抜き通り、ユニバーシティ・アベニューに沿って数ブロックにわたって開催されていたクラフト・フェアに出かけました。そしていろいろと見て回りながら、綺麗な青いセラミック・ボウルを何点か買いました。とても暑い日で、売店ではオリジナルのマグカップに注いだ冷たいビールが売られていましたが、残念なことに、私は現金をすべて使ってしまっていました。そこで、近くの銀行のまえに並んだATMコーナーに入り、クレジットカードでビールを買うための現金を下ろしました。私は片手に現金、もう片手にはカラフルな長い利用明細を持って、暑さをしのぐためのご馳走を買いに向かいました。

その二日後、買い物をして支払いの際に財布のなかを覗くと、クレジットカードがないことに気づきました。さすがに焦りましたが、よく思い返してみると、クラフト・フェアでお金を下ろしたときにATMからカードを抜いた覚えがありませんでした。でも、いやな予感がしてカード番号をメモしておいたおかげで、カード会社に電話してすぐに新しいカードを発行してもらうことができました。これは、予感を蔑《ないがし》ろにしなかったことが功を奏した例です。それ以来、私はカード番号を暗記しておくようにしています。

人は恐怖を感じる写真を見せられると、生理機能に顕著な変化が起こることがわかっています。血圧や心拍数、皮膚電気抵抗が変化するこの闘争・逃走反応は〝定位反応〟と呼ばれています。超心理学者のディーン・ラディンはネバダ大学に在籍していた頃、この定位反応は写真を見る数秒前にはすでに起きていることを明らかにしました。(注8)ラディンはダブル・ブラインドによる実験で、人は性的、暴力的、グロテスクな写真を目にする直前にはすでに、身体がショックに備えて硬直していることを実証しました。もし目にする写真が花園の景色を写したものであれば、そのような強い予期反応は起こりません。生理学的には、恐怖は至福よりも測定しやすいのです。

　ラディンがこの実験で被験者に見せたのは、心理学研究で用いられる標準化・定量化された情緒的刺激を含む写真です。それらはヌーディスト・ビーチやスキーヤーを写したポジティブなものから、一般にネガティブな効果があるとされる自動車事故や腹部手術の写真までの幅があります。そしてその中間にあたるのが、紙コップや万年筆などの写真です。

　ラディンが発表したのは、被験者に見せる写真の刺激が強ければ強いほど、事前に表れる反応も大きくなるという興味深い結果でした。写真の刺激の強さを数値化したスコアと被験者の予期反応を数値化したスコアには、百対一以上の確率で相関が見られたのです。この結果は、被験者が写真の内容を確かに予期していることを示しています。オランダのユトレヒト大学のディック・ビアマン教授はこのラディンの実験を再現し、同様の結果を得ることに成功しています。もっとも、日頃から刺激に慣れているアムステルダムの大学生たちの反応を測定するためには、さらに過激で露骨な写真を用意する必要があったそうです。

これはつまり、肉眼で直接的に写真を知覚したことが、時間を遡って身体的な反応を引き起こしているということになります。まさに未来に起こることが過去に影響を及ぼしているのです。心理学者のウィリアム・G・ブラウドは、そのすばらしい著書『Distant Mental Influence』のなかでこうした実験を次のように解説しています。

〝この予期反応は無意識下で働く予知能力（未来予知）を反映したものと考えられるが、同時に、客観的な出来事（写真の提示、あるいは写真に対する未来の反応）が時間を逆行して人の生理機能に影響を与えていると解釈することもできる、とても興味深いものだ〟（注9）

物理学者のエド・メイ博士とジェームズ・スポティスウッドは、同様の実験でさらに有力な結果を得ることに成功しています。彼らは被験者に突然大きなノイズが出るイヤホンを装着してもらい、ガルヴァニック皮膚反応【訳注／発汗などによって皮膚の電気抵抗が変化すること】を測定するという実験を行いました。その結果においても、神経系が不快な刺激を受けるのを事前に察知していることが示されたのです。さらに、ハンガリーの物理学者ゾルタン・ヴァッシーの実験から、この刺激を予知した反応が実際に起こることを裏付けるもっとも有力な証拠が得られています。彼は被験者に予知させる刺激として、痛みを伴う電気ショックを用いて実験を行いました。人体は電気ショックに慣れることがないため、この実験の結果はなによりも信頼性の高いものとなります。電気ショックの衝撃というのは何度受けても、たとえそれが未来から予知したものであっても、常に危険な刺激と感じるのです。（注10）一方、私がエド・メイ博士の実験の被験者を務めたときは、大きなノイズを数回聞いただけで身体がすぐに危険がないと判断しました。その結果、警戒が解けてリラックスした瞑想状態に入り、予期反応も低下してしまいました。もっとも、これは研究者でありながら瞑想家でもある私に限ったケースかもしれません。

コーネル大学で心理学を教えているダリル・ベム教授は、非常に頭の回転が速く想像力豊かな人物です。彼には教授とはべつに、熟練のマジシャンという一面もあります。そんな彼は私にとって良き友であり、数十年にもわたり楽しい付き合いを続けています。コーネル大学で終身在職権を得た彼は、知覚心理学の教授として数年間を過ごしたのち、研究室で予知・予感の詳細な研究に専念し始めました。深い探究心を持つベムは、学部生を相手に実験が行えるため被験者にはまず困りません。

ベムは数年間にわたって全九回に及ぶ実験を行いました。人の現在の感情や選択は、未来に起こる出来事から影響を受けているかどうかを検証するという実験です。たとえば、ある男性が花嫁候補の姉妹のどちらと結婚するかを決めるとき、妹のスーはとても美人だが、姉のサラを妻に選んだ方が将来的に幸せになれると直感的に感じたとします。これは、彼の鋭い洞察力によるものと考えることもできるでしょう。でも、未来からのメッセージと捉えることもできます。ベムが明らかにしたのは、それがどちらなのかを見極める方法です。（注11）

ベムの全九回の実験は、いずれも百名から二百名の大学生を対象に行われました。被験者の学生たちは、二つのビデオスクリーンからどちらか一方を選択するように指示されましたが、そこに未来予知の要素が含まれていることを知りません。この実験は、見たい画像がどちらのスクリーンに映るかを知るために予知が働くこと、そして見たくない画像を回避するために予知が働くことを検証するものでした。

一回目の実験は密かに〝ディテクト・エロティック〟(エロティック感知)と名付けられ、学生たちは謝礼金か大学の単位を報酬としてこの実験への協力を呼びかけられました。参加した学生たちは、これはどちらのスクリーンに画像が表示されるかを予想してボタンを押すという、よくありがちなESP実験だと思っていたようです。一方のスクリーンには独特の色彩の画像が映し出され、もう一方にはなにも映らないまま。それが彼らの予想していた実験内容で、確かに一見そのように見えました。

実際には、この実験にはエロティック、ニュートラル、ネガティブという三つのタイプの画像が用意されていました。エロティックはまさにその名の通りのもの、ニュートラルは花やコーヒーカップなど、そしてネガティブは自動車事故や手術、暴力的な内容の画像です。学生たちは知らされていませんでしたが、この実験はあらかじめどちらのスクリーンに画像が表示されるか決まっているわけではなく、被験者が選択を行ってからランダムにスクリーンが決定されます。さらに、三つのどのタイプの画像が映し出されるかも、被験者がボタンを押したあとに決まります。つまり、被験者がボタンを押した時点では、まだスクリーンも画像も決まっていないのです。

この実験の結果、被験者の大学生たちが選んだスクリーンには、コーヒーカップや自動車事故の画像よりも、エロティックな画像が多く映し出されました。実際、ランダムに決定したエロティックな画像の選択率はほか二つのタイプよりもかなり多く、統計的な有意差が認められました。興味深いのは、被験者のうち外向的な性格と判断された学生が選択したスクリーンには五十七パーセントの確率でエロティックな画像が表示されていることです。

次にベムが行った実験は、予知による回避に関するものでした。このときも百名の学生が参加しましたが、そこで実施されたのはＥＳＰテストとは思えないものでした。この実験では、被験者にニュートラルな画像のペア（同じ画像を反転させたもの）を一瞬（０・０３３秒）だけ見せるという試行を三十二回行います。被験者が行うのは、ペアの画像から単純に好きな方をボタンで選択することでした。どちらの画像が正解なのかは、被験者がボタンを押したあとで乱数生成器によって決定されます。もし選

実験名	試行回数	有意確率
ディテクト・エロティック	100	.01
アボイド・ネガティブ	150	.009
レトロアクティブ・プライミングⅠ	97	.007
レトロアクティブ・プライミングⅡ	99	.014
レトロ・ハビチュエイションⅠ	100	.014
レトロ・ハビチュエイションⅡ	150	.009
レトロ・ボアダム	200	.096
レトロ・リコールⅠ	100	.029
レトロ・リコールⅡ	50	.002

表3：ダリル・ベムの全9回の予知実験の概要（総合的なＰ値＝1.34x10^{-11}）

んだ方が不正解だった場合、次の試行ではかなり刺激の強いネガティブな画像が表示されます。このときも同じく０・０３３秒ですが、これは三回繰り返し表示されます。

この実験では学生たちの多くが正解になる方の画像を選択し、ネガティブな画像を回避することに成功しました。さらに、ここでも外向的な性格と判断された学生の成功率はそのほかの学生の二倍を上回るという結果が出ています。

続いて、ベムは〝レトロアクティブ・プライミング〟（遡及《そきゅう》プライミング）と名付けた実験を二回行いました。これは、被験者が選択を行ったのちにサブリミナル効果によって正解の手がかりを与えてみる、という実験でした。サブリミナル効果と言えば、かつて映画館でこれを応用してポップコーンやコーラの購買意欲を煽ったという有名な話もあります。この実験では、ベムは被験者に画像を見せて、その印象を〝良い〟または〝悪い〟から選択させました。そして被験者が選択を終えたあとで、スクリーンに〝美しい〟または〝醜い〟という単語が一瞬映し出されます。

この二回のレトロアクティブ・プライミング実験では、あとから表示される単語が、そのまえの被験者の選択に大きな影響を与えていました。簡潔に言えば、ベムの行った一連の実験結果は、未来が過去にどんな影響を及ぼすのかをはっきりと示していたのです。表3はこの全九回の実験結果をまとめたものです。

ベムはこの大きな功績をまとめた六十ページにも及ぶ論文を書き、未来は知ることや感じることができるという内容から『Feeling the Future（未来を感知）』というタイトルを付けました。この論文はサイキック能力が微弱なものでも幻想でもないことを示す、非常に重要な研究結果と言えます。

第８章

リモート・ビューイングの実践

ＳＲＩのリモート・ビューイング・プロジェクトから得られた情報は、果たして政策レベルでの意思決定に影響を与えるほどの重要性があったのか？　という疑問を持たれた読者の方もいるかと思います。これはもちろん、政策立案者からの肯定的な証言が得られない限り、判断することは不可能です。政策の変更に少なからず影響を与えたであろう事例には、カーター政権時代、移動式大陸間弾道ミサイル（ＭＸ）の配備について議論されるなかで、私たちがＳＲＩで実施したある研究が挙げられます。そのとき検討されていた配備案は、敵国に探知されるのを避けるために、ミサイルをサイロ（発射施設）からべつのサイロへとランダムに移動させるというものでした。これはある意味、三つのカップの一つに玉を入れてシャッフルし、どれに入っているのかを当てる〝シェル・ゲーム〟のハイテク版と言えます。

私たちはコンピューター上で、二十箇所のサイロのどれかにミサイルがランダムに配備されている（隠されている）という状況を想定してシミュレーションを行いました。その結果、第9章で銀の価格を予知したようなＡＲＶ（Associative Remote Viewing：アソシエイティブ・リモート・ビューイング）で情報を得て、高度な統計的平均化技術を適用すれば、原理上、このシステムを破るのは可能であることが強く示されました。

ハロルドは関係各局の要請に応じてこの研究結果をまとめ、その技術的な詳細を記した報告書は脅威分析を担うグループの間で回覧されました。ＳＲＩのプロジェクトはのちに極めて込み入った事情から廃止されましたが、その背後にあるさまざまな要因のなかで、私たちの研究成果はどのような役割を果たしていたのか。もしなんらかの貢献ができていたのだとしても、それは知る由もなく、きっと取るに足りないものだったのでしょう。でも、私たちがＳＲＩで行っていた研究はこうしたものがほとんどで、その性質上、政策にもなにかしらの影響を与えていたのでないかと思っています。(注1) このときはシミュレーションでしたが、私たちがサイキック能力でサイロを特定できると証明したことで、技術評価局（ＯＴＡ）は慌てふためいたはずです。このときはインゴ・スワンがリモート・ビューワーを務めていましたが、三ヶ月後、このミサイルサイロのシェル・ゲーム実験は打ち切られました。

もう説明不要かと思いますが、リモート・ビューイングには多種多様な使い道があります。この章では、リモート・ビューイングの習得に向けたとてもシンプルな最初のステップを紹介していきます。まず初心者のうちは、二人一組のペアでゲームのように行ってみてください。インタビュアーは練習のために小さなターゲットを用意し、リモート・ビューワーは意識に浮かんだイメージを描写するというかたちで進めていきます。インタビュアーはあらかじめ興味を引くような小物をいくつか選んで、一つずつ中身が透けて見えないような袋に入れておきましょう。

ここで、練習を始めるまえに注意が必要なことがあります。私はリモート・ビューイングを教えるとき、最初の二回のテストでは、リモート・ビューワーとインタビュアーの間には（意識と意識をつなぐ）精神感応《テレパシー》の情報経路《チャンネル》があることを念頭に置くようにしています。つまり、リモート・ビューワーがサイキック能力で情報を受け取る経路は全部で三つ存在するのです。一つ目はターゲットを知っているインタビュアーとのテレパシーのチャンネル。二つ目は透視能力《クレアボヤンス》によってターゲットを直接見るチャンネル。そして三つ目は、透視が終わってからのフィードバック（インタビュアーから見せられるターゲット）を知覚する未来予知のチャンネルです。

また一方で、インタビュアーはターゲットを知っている以上、リモート・ビューワーの描写やスケッチが的確かどうかについて、無意識のうちになんらかのサインを送ってしまう可能性があります。当然、こうなると正しいテスト結果は得られません。

さらにこのケースでは、リモート・ビューワーはインタビュアーの表情や声のトーンを読むことを学んだだけで、サイキック能力やメンタルプロセスについてはなにも学んでいないことになります。

これに関しては、面白いことに専門家の間でも意見が分かれています。インゴ・スワンの見解は、練習の初期段階であれば、インタビュアーがターゲットを知っていることでセッションがうまく進むというものでした。これはＳＲＩでアメリカ軍にリモート・ビューイングを教えていたときのインゴの意見です。一方、ジョー・マクモニーグルは著書『遠隔透視ハンドブック』のなかで〝その場にいる人間はだれもターゲットについて知らないことが望ましい〟と述べています。（注2）では、どちらが正しいのでしょうか？

二〇一〇年、私はパリで行われた超心理学会の国際会議に出席し「アウトスタンディング・キャリア・アワード」という賞を受賞しました。その会議では、私は懐疑的な研究者たちに向けた講演も行いました。関心の高い被験者からは容易にサイキック能力を引き出すことができる、という内容の話をしたのですが、それは彼らの経験則とは相反するものだったようです。

私が講演を終えると、一人の若い女性研究者がやってきて、リモート・ビューイングの手ほどきを求められました。翌日、クレアというその研究者と彼女の同僚は、私と妻を夫婦の念願だったシャルトル大聖堂に案内してくれました。午後には皆でカフェを訪れたのですが、私はそこで新しい友人のクレアに、リモート・ビューイングの練習のために持参したものがあるので透視してみないかと持ち掛けました。もちろん、これはダブル・ブラインドではありません。でも、このプライベートなテストのために私がなにを持参したのか、クレアが知らないことは確かです。

私はインタビュアーとして十分に経験を積んでいるので、無意識のうちにヒントを与えることはないという確信があります。私はテーブルに敷かれた紙のランチョンマットを裏返し、彼女にペンを渡してお決まりのセリフを言いました。「ここに面白い小物があります。意識に浮かんだそのイメージを描いてみましょう。口頭での描写も必要です。でも決して名前を思い浮かべたり、どんなものか推測したりはしないように。浮かんだイメージをそのまま伝えてください」

図35の写真は彼女がランチョンマットの裏に描いたスケッチです。このときのターゲットは三つありました。メインは銀メッキの伸縮式マグカップで、小さな取っ手も畳めるようになっています。そしてこのカップはべつのワークショップでテストに使ったあとだったため、なかに硬貨が入っていました。さらに、このカップは筒状のワニ革ケースに入っていて、しっかりと蓋がされています。これは初心者には難易度の高い複雑なターゲットだと思ったので、クレアには事前にそう伝えておきました。

クレアはまず、紙の左側に小さな円を描きました。そして「丸くて平らなものが見える」と言います。私はそれについてはなにも答えず、少し休憩を挟んでから違うイメージが意識に浮かぶか試してみようと提案しました（このときは硬貨のことはすっかり忘れていました）。

図35／銀のマグカップなど実際の三つのターゲットとクレアのスケッチ。フランスのカフェにて。

休憩のあと、クレアは「ピカピカした金属の円柱が見えるわ。伸ばしたり縮めたりできるみたい」と言いました。彼女がその円柱をスケッチしたあとで、私たちはまた少し休憩を入れました。それから彼女は、最後に格子模様の小さな筒を描きました。クレアのスケッチは、左の円が銀貨、中央の円柱がマグカップ、右の筒がワニ革のケースと一致しています。彼女がこの厄介なターゲットを驚くほど的確に描写するのに要した時間は、わずか十分ほどでした。

リモート・ビューイングを教えるうえでの私の第一のルールは、楽しみながら取り組むということです。先ほど説明したテレパシーのチャンネルはすばらしい働きをするので、特にリモート・ビューイングやメンタル・イメージの扱い方を学ぶ初期段階では、その感覚を体感しておくべきです。もっとも、このような形式で何度か試してみたあとは、ダブル・ブラインドで練習することをおすすめします。

ダブル・ブラインドで練習を行うときは、インタビュアーはターゲットを入れた袋を徹底的にシャッフルして、どの袋になにが入っているかはお互いわからないようにしてください。そしてその袋から一つを選んで、視界に入らないように床に置きましょう。これはなぜかと言うと、視界に入ってしまうとつい袋を（まるでスーパーマンがX線で中身を見透かすように）凝視してしまうからです。そうなるとリモート・ビューイングはうまく働かなくなってしまいます。

これでダブル・ブラインドの準備は完了です。ＳＲＩでのリモート・ビューイング実験や運用テストでは、私がターゲットを知っていたことは一度もありません。実験はすべて、最初からダブル・ブラインドで行われていました。

次は部屋の照明を落として、インタビュアーとリモート・ビューワーは対面して座り、それぞれペンと紙を用意します。そしてインタビュアーはリモート・ビューワーに「ターゲットの説明を始めてください」と伝えましょう。もし、セッションに入るまえになにかはっきりとした第一印象やイメージが浮かんでいた場合、それを紙の一番上に書き出して〝最初のイメージ〟と記しておくことがとても重要です。そうしないと、セッション中もそのイメージが頭から離れないということになる恐れがあります。最初のイメージを書き留めたら、その下に線を引いてほかの記載とは分けておくようにしましょう。それがターゲットに関係していることもあれば、そうでないこともあるので、常に両方の可能性を視野に入れておくことが大切です。

ここからは目を閉じて、少しの間リラックスします。そして意識に浮かんだイメージを余すところなくインタビュアーに伝えていきましょう。まずは断片的な姿形から始めてみてください。最初に浮かんだ断片的な情報というのはもっとも重要です。たとえそれが意味をなさないものであっても、実在するなにかしらの物体でなくても、見えたままのイメージを少しずつスケッチしてください。繰り返しになりますが、浮かんだイメージの名前を探すこと、分析することはリモート・ビューイングの大敵です。もしかしたら紙の上で、手が勝手に微《かす》かな動きをするかもしれません。そうしたことにも注意を向けて、あなたの潜在意識がなにを伝えようとしているのかを書き出してみましょう。

ここまでを終えたら一旦休憩を挟みます。イメージを一つ捉えて書き出したら、その都度一息入れることが大切です。次は、メンタルスクリーンにもう一度集中してみます。この二回目の透視では、うまくいけば新たなイメージが見えることもありますが、また同じイメージということもあります。リモート・ビューワーとして、普段浮かんでくるような心象とはどこか異なるもの、特に変わっていたり斬新だったりするイメージを見つけてください。

ここでまた休憩を挟みます。三回目のトライでは、ターゲットを自分の手に持っているところを想像してみてください。そして自分に問いかけます。色や質感はあるか？　光沢はあるか？　角のある形をしているか？　可動部はあるか？　匂いはあるか？　重いか軽いか？　木製か金属製か？　その感覚やイメージのままに、答えを書き出してみてください。このプロセスは、新たなイメージや断片的な情報が浮かばなくなるまで続けてみることが大切です。インゴ・スワンはこの第三段階を〝美的な印象の感知〟と呼んでいました。

ここまでのプロセスを通して十五分もかからないはずです。正しいリモート・ビューイングをするために忘れてはならないのは、たとえ間違っていても構わないという心構えが必要だということです。また、インタビュアーとリモート・ビューワーの信頼関係もとても重要になってきます。このプロセスを踏めば、だれでも隠されたターゲットについて驚くほど首尾一貫した説明をすることができるようになります。とはいえ、そのターゲットがなにかを具体的に把握できるケースは極めて稀です。なぜなら、それには命名と分析が必要だからです。

一旦それまでのイメージをまとめてみるのも良い方法です。はっきりと浮かんだイメージと、記憶や想像から生まれたメンタルノイズの可能性が高いもの、そして、セッションを始めるまえに見ていたかもしれないものとを分けてみましょう。メモ書きの一つ一つに目を通して、透視によるイメージだと自信が持てるものは残し、メンタルノイズと思われるものは消していくのです。最後に残ったイメージをまとめたもののが、ターゲットに関する最終的な透視結果となります。ＥＳＰの長い研究において、この〝コンフィデンス・コールズ〟と呼ばれる信頼度での分類は最良の指標となることがわかっています。

もし仮に、事前に複数のターゲットの名称を告げられ、そのなかからどれか一つが選ばれると伝えられた場合、頭にそれらがはっきりと浮かんでしまって難易度が大幅に上がります。そうした分析的な思考のメンタルノイズを振り払うには、断片的に浮かんでくるイメージを集めるというプロセスを何度も繰り返す必要があるかもしれません。だからこそ、ターゲットについてはなにも知らない状態で練習を行うことを強くおすすめします。

私の知る限り、二つのターゲットを事前に伝えられたうえで、それらをはっきりと識別できたのはインゴ・スワンただ一人です。たとえば、ＳＲＩの公式実験（全五十回のテストから成る）で実施した二種類のグラフ用紙（方眼紙と極座標方眼紙）を識別するテストでは、彼の正解率は八十パーセントにも及びました。

リモート・ビューワーが浮かんだイメージをスケッチしてメモを書き終えたら、インタビュアーは正解のターゲットを見せるようにしてください。そして、そのスケッチやメモ書きから的確なもの、見逃したものを指摘しましょう。リモート・ビューワーはそのとき、それは見たのに書き留めるのを忘れていた！　という経験をすることがあります。でも、このリモート・ビューイングのテストには、紙に書き留めていないことは無効というルールがあります。そのため、浮かんだイメージはすべて書き留めておくことが重要で、上達すればそのなかからサイキックシグナルとメンタルノイズを見極めることができるようになります。

　私たちはよく、サイキック能力は音楽の能力のようなものだと言っています。この能力はあらゆる人が備えているもので、だれもがある程度は発揮することができます。どんなに音楽に縁のない人でも、ピアノを習えばモーツァルトの簡単な曲ぐらいは弾けるようになります。その一方で、生まれつきの才能と練習に代わるものはありません。これはとても当たり前に聞こえるかもしれませんが、実際にそういうものなのです。私はいま、みなさんにその始め方を教えているわけですが、もっとも大切なのは、こうした能力や才能が自分に備わっているという事実を認めることです。私は三十年の経験から、本書の指示に従えばだれでもリモート・ビューイングが実践できると確信していますし、秘訣も余すところなく伝えています。みなさんにもきっと、驚きと感動が待っていることと思います。

こうした能力が実在することをご自身で証明したあとは、意識に秘められた力をもっと探求してみたいという好奇心に駆られるかもしれません。リモート・ビューイングの真の価値は、時間と空間に縛られない意識に触れることにあります。リモート・ビューイングを学ぶことによって、私たちは万物とのつながりや相互関係の本質を意識することができるようになるのです。そしてその重要性は、そうした知識を仲間とシェアすることでより明確になっていきます。私たちがいまここにいるのは、お互いに意識を広げて、より大きなスピリチュアル・コミュニティと触れ合うためなのです。

天文学者たちは、いまや地球から数十億キロも離れた電波星からのシグナルを受信して分析できるようになりました。メーザーという（誘導放射によるマイクロ波増幅を行う）装置を使えば、周囲のほかの恒星からのノイズは目立たせることなく、そこに埋もれているシグナルだけを増幅することができます。でも、それを実現するためには検出システムの装置を冷却し、温度を大幅に下げて運用する必要があります。通常の室温では装置そのものがノイズを発生してしまい、極めて微弱なミリ波のシグナルをかき消してしまうのです。

微弱なシグナルを検出するためには、ノイズに対するシグナルの比率をいかに高めるかが重要です。受信したシグナルのエネルギーが十マイクロワットで、周囲のノイズも十マイクロワットだとすると、シグナルとノイズの比率は一対一となり、検出は非常に困難な状況にあるといえます。もし、検出システム全体を冷却してノイズを十マイクロワットから一マイクロワットまで減らすことができれば、シグナルの比率は十倍になるのです。そうなれば、なにかを検出できるかもしれません。

意識に浮かぶサイキックシグナルを増幅する方法は、私たちにもわかりません。でも、メンタルノイズを減らすことにかけては熟達しています。研究室で行うリモート・ビューイングでは、数字や文字をターゲットにするのは避け、被験者の興味を引くようなものを用意します。数字や文字を避けるのは、メンタルノイズを減らすためにできることの一つです。

イタリアのアルコという湖畔の町でワークショップを開いたとき、私は建築家の参加者のターゲットとして、パルテノン神殿の写真を選びました。彼がスケッチした古代の建造物は分解図のようになり、長方形で表した神殿のなかに柱が平らに並べられていました。このような変化は、リモート・ビューイングのスケッチによく見られます。柱の列や、星条旗の星とストライプ模様、連なったビーズなど、ターゲットが一定のパターンを持つ場合には、それぞれが分離したイメージが浮かぶという現象が起こることがあるのです。

こうした認知の歪みについて、インゴ・スワンはその優れた著書『Natural ESP』（注3）で一章を割いて解説しています。彼はこれを〝統合の欠如〟と呼び、その程度を次のような四段階に分けています。

1　ターゲットの構成要素はすべて正しく認識できているが、それらを統合して全体像をイメージすることができない。

2　構成要素が統合されているところとされていないところがある。
3　おおよそでしか統合されていない。
4　構成要素はすべて認識できているが、統合が不正確なため誤った全体像をイメージしてしまっている。

フランスの化学技術者であり超心理学者であるルネ・ワルコリエも、一九四八年に上梓した革新的な著書『Mind to Mind』のなかでこの現象について触れています。ワルコリエはこれを〝パラレリズム〟と呼び、一定のパターンを持つ幾何学的形状が分解される現象としています。

〝幾何学的形状を持つ対象を透視した場合、本来は静止画で見えるはずのイメージに動きが入るようだ。（中略）まるでテレパシーには、長方形や円のような一定の形状の記憶痕跡がないように思えてならない。代わりに、それらが分解されたものだけが見えるのだ。（中略）特定の形状同士には相互に引き寄せ合う力があり、私が〝パラ

図36／ルネ・ワルコリエが実験を行った際の〝統合の欠如〟が表れているスケッチ。

レリズムの法則〟と名付けたグループ化のような現象が確認できた〟（注４）

ワルコリエは何百回にも及ぶ試行の結果のなかから、この〝パラレリズムの法則〟つまり〝統合の欠落〟を表した六枚のイラストを紹介しています。図36はそのイラストで、透視対象の形が分解されて見えることが示されています。

ワルコリエはサイキック能力の知覚の問題に対する鋭い

洞察力を持っており、インゴ・スワンと同様に、意識的な分析、記憶、想像力がリモート・ビューイングの情報経路《チャンネル》にある種のメンタルノイズを生じさせていると説いています。それを踏まえると、リモート・ビューワーは見たものを頭で解釈しようとせず、ありのままのイメージや印象を描写するのが望ましいという結論に達します。頭で処理するまえの生の感覚は的確でも、それを分析することで離れてしまう傾向があるため、知覚で捉えたまま（いまどんな感覚があるか？　なにを見てそのような説明をしたのか？）を伝えるように心掛けるべきです。

ワルコリエの著書『Mind to Mind』では、サイキック能力によるコミュニケーションに対する見解や、彼が行ってきた実験についても紹介されています。ワルコリエはそのなかで、自由回答式で行う実験結果は往々にして強制選択式によるものを大きく上回ることについて触れ、その理由を詳しく解説しています。そこでは、自由回答式による実験は、リモート・ビューワーを記憶や想像のメンタルノイズから解放すると述べられています。残念なことに、ＥＳＰの研究者たちがこの優れた観察者の知見を取り入れるまでには長い年月を要しました。

実は、ＳＲＩのプロジェクトの立ち上げ当初、シドニー・ゴットリーブ（ＣＩＡのＭＫウルトラ計画の責任者）は私たちを全く違う方向へ向かわせようとしていました。私とハロルドが初めてシドと対面したのは、ＣＩＡの彼の地下オフィスでした。仏教から化学までに至る膨大な数の本に囲まれたそのオフィスで、彼はデスクに座ってパイプを吸っていました。シドはとても人当たりが良く、接しているうちに彼がＣＩＡとして過去十年間、情報を得るために世界中の人々を拷問していたという事実を忘れてしまいそうになりました。そのときはシドと一時間以上、幻覚剤についてお互いの見解を話したのを覚えています。彼が私たちに強く勧めたのは、リモート・ビューイングの被験者にＬＳＤ【訳注／強烈な作用のある半合成の幻覚剤】を投与し、より開放的にさせるという案でした。

私は、ＬＳＤを使用することで確かに被験者はオープンになるかもしれないが、リモート・ビューイングでなにより重要なのは、サイキックシグナルとメンタルノイズを見極めるためにできる限り感覚を研ぎ澄まし、注意を払うことだと説明しました。リモート・ビューイングは幻覚体験《トリップ》などとは異なるものです。

この感覚を研ぎ澄まして注意を払うことは、分析することではありません。私がリモート・ビューイングの研究から学んだもっとも重要なことの一つは、ターゲットの分析はサイキック能力の大敵だということです。もし仮に、サイキック能力が存在することを示す基準が、ドル札のシリアルナンバーなどの分析的な情報をどれだけ正確に読み取れるかでしかないとすれば、サイキック能力など存在しないということになるでしょう。

有名な醜聞暴露者で作家のアプトン・シンクレアもまた、この概念を理解していた一人です。彼は一九三〇年に上梓した著書『メンタル・ラジオ』（注5）に、妻のメアリー・クレイグと行ったテレパシー実験の深い考察を書き記しています。

彼の妻メアリーは心豊かでスピリチュアルな女性で、サイキック能力の知覚プロセスについて感覚的にも理論的にも深い見識を持っていたようです。次の文は『メンタル・ラジオ』の長い章から、メアリーによるインストラクションを要約したものです。この文からは、メアリーが意識と意識をつなぐ技術を習得していたことが窺えます。読心術とするテクニックを解説する項のなかで、彼女は次のように述べています。

〝最初にしなければならないのは、一点に注意を向ける、あるいは集中するコツを学ぶことです。（中略）ここで注意を向けるのは一、つ、の対象に絞ります。（中略）これは考えることではなく、思考を抑制することなのです。（中略）
対象について考えを巡らせたり、分析したり、判断したりしたくなる衝動や、記憶が結びついてしまうことを抑制する必要があります。（中略）同時に、リラックスすることを学ぶことも大切です。不思議に思えるかもしれませんが、特定のコントロールの下での集中というのは、完全にリラックスした状態でもあるのです。
また、意識を監督する技術もあります。意識を無にすることができるようになっても、すぐになにかを意識する力は失われていません。（中略）同様に、無の状態からなにかを意識するとき、なにを意識するかはある程度コントロールが可能なのです〟
（注6）

シンクレアは『メンタル・ラジオ』のなかで、妻メアリーと行った百五十回以上に及ぶイメージの描写実験を紹介しています。メアリーは前記のようなメンタル・イメージを扱うテクニックを確立するために、卓越したスキルを身につけ洞察力を磨きました。図37はシンクレアの革新的な著書に掲載されている代表的な八つのイラストです。

第7章では、アインシュタインが『メンタル・ラジオ』の序文でシンクレアの実験に肯定的な意見を述べていることを紹介しました。シンクレアと妻メアリーの実験が行われていた当時、アインシュタインは彼らと同じニュージャージー州プリンストンに住んでいたそうです。シンクレアの実験を度々見る機会があったアインシュタインが『メンタル・ラジオ』に寄せた序文には、次のような言葉があります。

〝本書で慎重かつ率直に述べられているテレパシー実験の結果は、物質界の研究者の考えではとても説明のつかないものであることは確かだ。しかし実直な観察者であり作家である彼が、読者を意図的に欺いていることはあり得ない。彼の誠実さと信頼性には疑う余地がないのだ〟（注7）

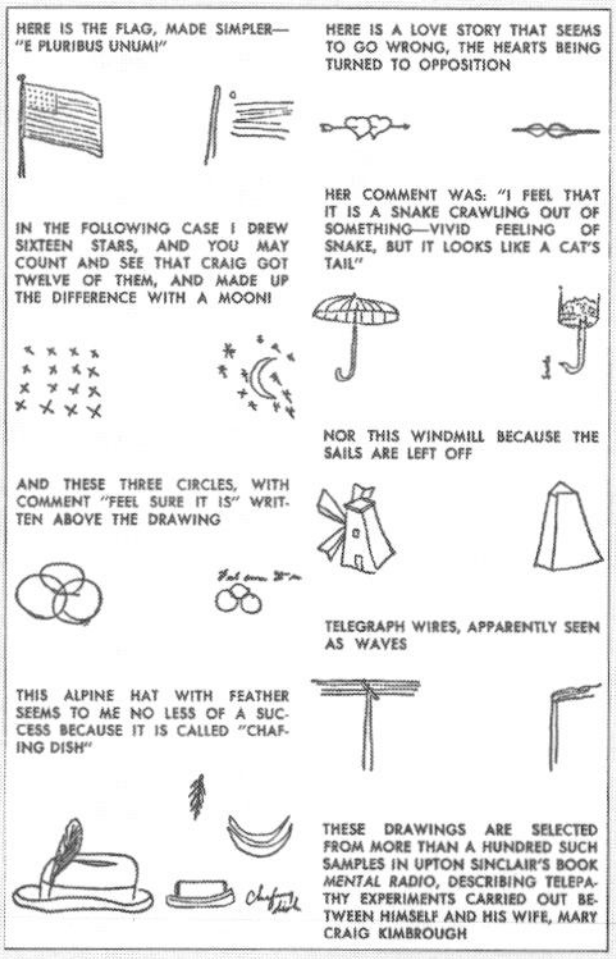

図37／アプトン・シンクレアが1930年に上梓した著書『メンタル・ラジオ』に掲載されたテレパシー実験のイラスト。

　リモート・ビューイングは自宅で楽しく安全に練習することができ、怖い思いや恐ろしい経験をする心配もありません。でも、サイキック能力の実践のなかにはやや危険を伴うものもあります。ロバート・モンローの著書『体外への旅』（注８）が出版されてからというもの、私はこの本の影響を受けた人からリモート・ビューイングと体外離脱（ＯＢＥ）の関係性を尋ねられることがよくありました。ここで、それを簡単にまとめてみたいと思います。

　リモート・ビューイングは心を静

めて、意識（あるいはメンタルスクリーン）に浮かんだイメージを口頭やスケッチで描写します。インタビュアーとペアでセッションを進め、ターゲットとなる物の色や形、構造、重さ、あるいはターゲットとなる場所の全体的な外観を知覚し描写していくのです。リモート・ビューワーの意識は、遠く離れた建物のなかにも入ることができます。ここが体外離脱の領域と重なり始めるところと言えます。

基本的には、リモート・ビューイングから徐々に完全な体外離脱へと移行するので、両者の間に明確な区切りがあるわけではありません。体外離脱の体験はほとんどの場合、シンプルなリモート・ビューイングから始まり、そこに感情、感覚、セクシュアリティが（無理のない程度に）持ち込まれます。体外離脱はリモート・ビューイングよりも感情面の関与が大きいために、恐怖を感じるような体験をすることも確かにあります。また、体外離脱では視点を変えて遠く離れたターゲットを見ることもできます。さらに、離れた場所にいる相手と深く感情的な意思の疎通をすることも可能です（ロバート・モンローは体外離脱で接触した女性と意思の疎通を図り、最終的に結婚につながったと述べています）。

私の経験上、リモート・ビューイングにありがちな半透明で明滅する視界と比べると、体外離脱では遥かにリアルで生き生きとした、映画を見ているような視界を得られます。これは通信速度のようなものがより速いためで、深い没入感がもたらされます。もちろん、リモート・ビューイングも経験を積むことによって、知覚はより安定したものになっていきます。

夢のなかでも意識がはっきりしている明晰夢という現象がありますが、体外離脱の感覚もこれに近いものがあります。意識的に明晰夢を見ることができるようになると、夢の内容に能動的に関われるため、悪夢に襲われることもなくなります。明晰夢の研究で博士号を取得したスタンフォード大学のスティーヴン・ラバージ博士は、二〇〇〇年代初頭からこうしたテーマを教えています。

私は妻のパティとハワイ島で催された十日間の〝ドリーム・バケーション〟というツアーに参加し、ラバージ博士から明晰夢を見る方法を学んだ経験があります。一週間の練習を終える頃には、ホテルの部屋の窓から飛び立ち、宿泊先のリトリートセンターのまえに広がる岩だらけの暗い入り江を越え、月明かりにきらめく海の上を飛ぶという爽快な夢を見ることができました。そして参加の理由でもあった、たまに見てしまう悪夢をコントロールできるようになりたいという願いも叶いました。とはいえ、明晰夢は実際の体外離脱体験ではないことを忘れてはいけません。夢のなかで見たものが必ずしも（いつも）存在するわけではないのです。

チベット仏教のゾクチェンを説くナムカイ・ノルブは『夢の修行：チベット密教の叡智』（注9）という薄いワークブックのなかで、夢をコントロールすることは、バルド（死から転生までの期間）のための準備になると述べています。私の見解では、ゾクチェンが人を自由、真実、そして自己解放へと導く道であることは間違いありません。

私たちがＳＲＩで明晰夢や体外離脱について教えたことは一切ありません。というのも、管理者に（または政府に）意識と肉体を切り離されてしまって元に戻らないというクレームが入っては困るからです。

体外離脱に関しては、トランスジェンダーの方も含め、かなりリアルな性的体験をしたという報告も聞いています。男女両方の性別という驚くべき感覚を持つこともあるようです。こうした体験は肉体的に反応があることもあれば、エネルギー的な接触でしかないこともあります。インゴ・スワンはこれを〝セクシュアリティ・クレアボヤンス〟と呼び、透視能力《クレアボヤンス》とテレパシーの組み合わせによって起こる性的感覚の伝達を伴う現象と表現しています。彼の著書には『Psychic sexuality』（注10）という、アストラル界における性とサイキック能力についてまとめた一冊もあります。インゴによると、自らのサイキック能力を無意識下に受け入れていて、なおかつ好奇心旺盛な人の場合、空間を超えてさまざまな性的体験をすることがあるそうです。でも、このような愛の交流は、大人同士が同意の下で行われなければなりません。そうでなければ、一種のサイキック・レイプになってしまいます。インゴはこれを〝テレスセイア（Telestheia）〟と呼び、心と心のつながりであるテレパシーとは相反するものであると説いています。私は性とサイキック能力は自然な対だと考えています。どちらも西洋社会では抑圧されていますが、それによって必要のない苦悩が多く生まれています。

魔術師のアレイスター・クロウリーが著した『The Confessions of Aleister Crowley（アレイスター・クロウリーの告白）』（注11）という大胆不敵な自伝には、

セックス、薬物、ＥＳＰを用いて行った幽体離脱《アストラル・トラベル》の実体験が紹介されています。そして体外離脱の古典的な指南書と言えば、シルヴァン・マルドゥーンとヘレワード・キャリントンの共著『The Projection of the Astral Body（アストラル体投射）』（注12）が挙げられます。一九二九年に世に放たれたこのサイキック・トラベラーと科学者による本は、体外離脱に取り組むにあたって学んでおくべき初歩的な知識と優れたガイダンスが得られる、おすすめの一冊です。私はダブル・ブラインドの条件下で、これらの現象のほとんどが実在することを個人的に立証できます。テレパシーが距離とは無関係に働くことはよく知られていますし、こうした現象も全くもって驚くようなことではないのです。

南北戦争を題材にした『Andersonville』でピューリッツァー賞を受賞した作家のマッキンレー・カンターは、体外離脱をテーマにした小説も書いています。私はその『Don't Touch Me』（注13）という作品を読んだとき、この話は完全なるフィクションではなく、少なくとも一部は著者の朝鮮戦争の体験に基づいて書かれていると確信しました。

この小説では、主人公の兵士ウルフが太平洋を隔てたアメリカに住む少女と情熱的な愛を育んでゆくというストーリーが描かれています。少女はウルフを切実に愛していましたが、時差もある遠距離恋愛のなかで、二人はさまざまな問題に直面します。でも、とても強力なサイキック能力が遠く離れた恋人たちを引き寄せるのです。カンターが書いたほかの作品はすべて実話をベースにしたものなので、この一人称の物語も例外ではないと私は感じました。

実は『Andersonville』がピューリッツァー賞を受賞したとき、祝賀パーティーには私も呼ばれていて、そこでマッキンレー・カンターと同じテーブルを囲んでいます。そのとき彼の奥さんはちょうど妊娠中で、幸せそうな二人は『Don't Touch Me』が本当はノンフィクションであることを話してくれました。

第９章

サイキック能力とともに歩んだ私の人生

私は一九三四年、シカゴ生まれの物理学者です。幸運にも、私はすばらしい両親のもとに生まれましたが、兄弟や姉妹はいません。ハイスクール時代は身長一八三センチの長身でかなりの痩せ型、さらにはローラースケートまで履いていたので変に目立っていました。こんな話がサイキック能力と関係あるのかと思った方もいるかもしれませんね。それは読み進めていただければわかります。

背が高くて細いだけならまだ良いのですが、私は幼い頃から視力にかなり問題がありました。いまも黒板に書いてある文字は、どんなに近くに座っても見えないほどです。これは私が光学やレーザーの勉強をするようになった要因の一つかもしれません。私の両親は、息子の視力がメガネをかけた矯正視力でさえ、法律上は盲目とされる値に近いことを把握していました。私自身も、自分がニューヨークの街を自転車で走る日など一生来ないだろうと思っていました。少なくとも、幼い頃までは。

一九四九年、ローラースケートを履くようになって十年が経っていましたが、幸いなことに事故に遭ったことは一度もありませんでした。当時十五歳でハイスクールの最終学年を迎えていた私にとって、世の中で起きているもっとも重要な出来事はイギリスのポンド切り下げでした。地下鉄で百貨店の〈メイシーズ〉に行けば、イギリスから輸入したラレー社の三段変速ギア付き自転車の新品が五十ドル（ちょうど私の貯金箱に貯まっていた額です）で買うことができたのです。私は購入したばかりの自転車で五番街を走ってグリニッジ・ヴィレッジの実家アパートに帰り、エレベーターで自転車を部屋に運び入れました。しばらくして私たち家族はクイーンズに引っ越すことになり、大学に進学した私は四年間、数マイル離れたクイーンズ・カレッジまで毎日自転車で通学しました。あとでバイクにまつわる話も出てきますが、私には面白くて少しミステリアスな移動手段の話がいろいろとあります。ここから、話はシカゴに住んでいた幼少期に遡ります。

　私の母、アンは作家であり時事評論家でもありました。父のウィリアムはシカゴのダウンタウンで書店を営んでいました。私は子どもながらに、父の店には著名な作家がたくさん出入りしていることを意識していました。父からはリチャード・ライト、ジェイムズ・T・ファレル、ネルソン・オルグレン、マリオ・プーゾなどの近刊情報を教えてもらったのを覚えています。やがて父はニューヨークの出版業にも携わるよ

図38／シカゴにあったウィリアム・タークの書店。ファンタジー、SF、魔術などの書籍を扱っていた。1940年撮影。

うになり、マリオ・プーゾの『ゴッドファーザー』をはじめ、近しい作家たちの本を次々と出版します。父は希少本や書籍の収集に関して深い知識を持ち、シカゴではよく知られた存在でした。また、ＳＦや神秘主義、魔術などにも強い関心を寄せていました。

父の書店の隣には、マジック用品やいわゆるジョーク・グッズを売っている店がありました。その店の店内には、機械好きな八歳児が夢中になるような、シンプルな機械仕掛けのマジック用品が並んでいました。そこで私が初めて手に入れたのは入れ子式の木箱です。これはコインマジックに使うもので、手の甲に載せた二十五セント硬貨をもう片方の手で覆って消し、箱のなかに魔法のように出現させるという代物です。そのあと、いくつものリングをつなげるマジックに使うチャイナ（リンキング）・リングや、表の模様からスートと数字がわかるようになっているトランプなどが入った〝マジック用品セット〟も買ってもらうことができました。子どもにとって、大人をびっくりさせるほど楽しいことはありませんよね。読心術ができるフリをするという心理的なトリックがあることを知ったのもたしかこの頃です。練習を重ねた結果、私は普通のトランプでもなかなか上手にマジックができるようになりました。みなさんも「好きなカードを一枚選んでください」というお決まりのセリフは聞いたことがあると思います。実はマジシャンがこのセリフを言ったときには、もう相手が選ぶカードがわかっています。そして、ポケットのなかに同じカードを忍ばせているのです。私はこのトリックが得意でした。

　家族でニューヨークに引っ越したのは、私が十二歳のときでした。私が入学したジュニア・ハイスクールはハドソン川沿いにあったので、昼休みにはフェリーに乗って川を渡り、対岸のニュージャージー州ホーボーケンまで行ったりもしました。帰りのフェリーが結氷の影響で遅れて、授業に間に合わなかったこともあります。まだ子どもだった私にとっては、そんなトラブルも楽しいものでした。学校が終われば、クリストファー・ストリートを一マイルも歩けば五番街の自宅に帰れました。でも、当時の私は四十二丁目にあった〈ヒューバーツ・フリー・サーカス〉や〈ミュージアム〉というアミューズメント施設に寄り道をするのが楽しみでした。二十五セントを支払って地下に降りれば、プロのマジシャンがステージで行うマジックショーを間近で観ることができたのです。ほかにも、鉄道のレールを枕木に固定する犬釘《スパイク》を曲げてしまう怪力男や、足の指だけで器用にタイプライターを打つ女性が出演するショーなども行われていました。アルバート／アルバータという、外見的に男性と女性の両方の特徴を併せ持つ人が出演していたのも印象に残っています。ミュージアムでは両性具有者と紹介されていましたが、いまの社会ならミックス・ジェンダーと呼ぶべきですね。

そこは十二歳の子どもにとって、とても刺激的な空間でした。二十五セントの追加料金がかかりますが、ライフルで二十二口径の弾丸を撃てる射撃場もありました。かなり視力の弱い私でも、二十五フィート先の静止した標的を撃つことはできます。実

図39／かつて42丁目にあった〈ヒューバーツ・アーケード〉地下ではマジックショーが行われていた。1946年撮影。

際、大人になってからはワルサーＰＰＫ.22という自動拳銃を所有して、地元の屋外射撃場で射撃を行っていた時期もありました。

四十二丁目の話に戻りますが、私はマジックショーを観たあと、同じ建物の二階にある〈ホールデンズ〉や〈Ｄ・ロビンズ〉というプロ向けのマジック用品店を覗いていました。そこでは実演を見せてもらったうえで、気に入ったものを選んで買うことができました（もちろん小遣いに余裕があるときだけです）。いまでも営業を続けているこの二店舗は、私がテレパシーという言葉を覚えた場所でもあります。もちろん、それは本物のテレパシーではなく、トリックを用いた読心術でした。でも、興味を持つきっかけは案外そんなところから得られるものです。

ちょうどその頃、当時のトップ・マジシャンだったブラックストーンのニューヨーク公演が行われるということで、父がステージに近いチケットを取ってくれました。私はその偉大なマジシャンの一挙手一投足を、間近で喰らいつくように見ていました。美しい女性が一瞬にして光に包まれ消えるというマジックを目の当たりにしたときは、どこに隠れたのかだいたい見当はついたものの、それでも興奮したのを覚えています。ブラックストーンのショーを体験したことでマジックに対する私の熱意はさらに高まり、自分もステージに立ってみたいと思うようになりました。

私の父がロシアの悪名高き超能力者で神智学協会の設立者の一人であるヘレナ・P・ブラヴァツキーや、超心理学財団を設立した稀代の霊能力者アイリーン・ギャレットの伝記を出版したのもこの頃でした。そうした本を読んでいるうちに、超常現象という分野に対する私の好奇心はどんどん掻き立てられていきました。当時、アイリ

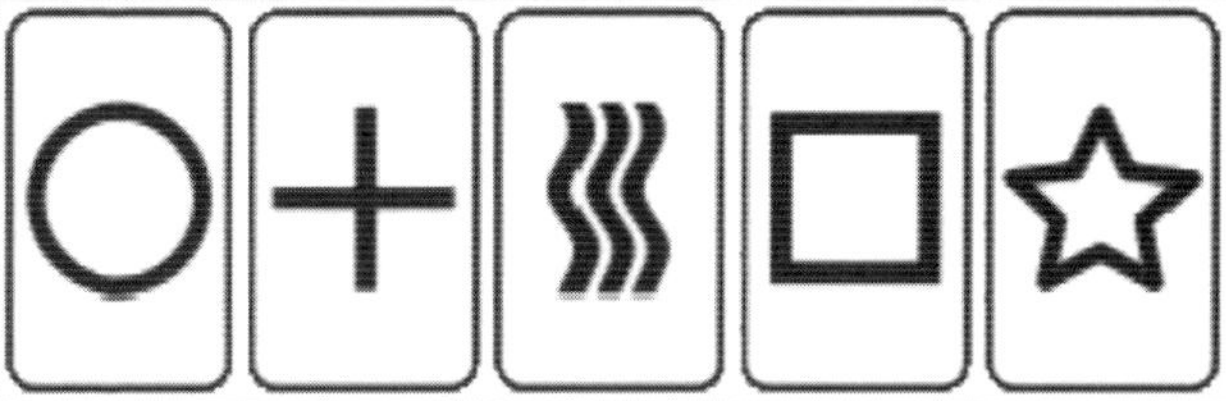

図40／ゼナー・カード

ーン・ギャレットのオフィスは西五十七丁目の父の仕事場のすぐ隣、ロシア料理のレストラン〈ザ・ロシアン・ティールーム〉の通りを挟んだ向かいにありました。

〈ヒューバーツ・フリー・サーカス〉で初めてマジックショーを観てから二年が経った頃、学校の生物の授業で、教師がロバート・ローゼンタールという身なりの良い上級生をクラスに連れてきたことがありました。彼は好奇心旺盛な十四歳の私たちに、超心理学者のジョゼフ・バンクス・ライン博士が開発したＥＳＰカードという刺激的なアイテムを紹介してくれました。それは、いまではゼナー・カードという名で広く知られている、円、十字、波線、四角、星という五種類の図柄が描かれたカードです。彼は数箱持参したカードをクラスのみんなに回しました。

そこでローゼンタールが話してくれたのは、相手が見ているカードの図柄を当てられるという能力を持つ人が一定数存在すること、そしてその能力はテレパシーと呼ばれていることでした。さらに、このカードを考案したジョゼフ・バンクス・ライン博士の研究所では、ほかの人に見てもらわずにカードの図柄を言い当てる人もいたといいます。その能力はクレアボヤンスと呼ばれていることも教わりましたが、それは当時、ほとんどの人にとって聞き馴染みのない新しい言葉でした。彼の提案で、私たちは二人一組のペアを組み、お互いに相手が見ているカードを当ててみることになりました。結果は当然と言えば当然ですが、私のクラスではだれもうまくいきませんでした。

それを機に、私はすっかりＥＳＰに興味津々になってしまいました。次の土曜日、私は当時住んでいたクイーンズから地下鉄に乗って、セントラル・パーク・ウエストにあるアメリカ心霊現象研究協会（ＡＳＰＲ）を訪ねました。受付の女性たちは、クイーンズから来た近視のもやしのような私にも、とても親切丁寧に対応してくれました。きっと、この協会に興味を持っていて、詳しく知りたいという私の気持ちが伝わったのでしょう。結局、私は協会に参加できることになり、機関誌も何冊かもらえました。その後しばらくかかりましたが、もらった機関誌はすべて読み切っています。私にきっかけを与えてくれたのは、ローゼンタールと彼の熱意だったことは間違いありません。

ローゼンタールはその後、ハーバード大学の心理学教授としてとても有名になりました。彼は、実験者の願望が意図せずに被験者の行動に影響を及ぼす現象である〝実験者効果〟を発見しています。この現象のもっとも一般的な例は〝ピグマリオン効果〟と呼ばれ、教師の期待を受けた生徒の学力はほかの生徒よりも大きく伸びる傾向があるとされています。

こうして十四歳の私は、この世界には﹅タ﹅ネ﹅も﹅仕﹅掛﹅け﹅も﹅な﹅い﹅マジックがあることを知ったのです。もっとも、その頃の私はまだステージでトリックのあるマジックを披露していました。そんな私が正真正銘のマジックに触れるのは、それから二十年後のことでした。

私の両親の親友であるジョン・グロスは、第二次世界大戦で通信員を務めた経験を持ち、退役後は芸術家として活動していました。一九四八年、彼はニューヨークのお洒落なギャラリーを借りて、水彩画やパステル画の近作を販売する展示会を開催しようと考えていました。ちょっと風変わりかもしれませんが、ジョンは私の父に、展示会のオープニングアクトとして息子にマジックショーをやってもらえないかと頼んだのです。私はジョンも奥さんのアンのこともよく知っていたので、喜んで引き受けることにしました。

この展示会はかなりフォーマルな場で、来場者はジョンの活動支援として入場の際にチケットを購入するという形式で開催されました。私は三十分ほどジョンの作品を見たり、冷たいシャンパンを飲んだりしたのち、与えられた三十分間でマジックショーを行いました。まだ子どもだったとはいえ技量は十分にあったので、私の実演は恥ずかしいものではなかったと思います。ショーを終えたところで、アンが私を呼んで「この若いマジシャンがいまから、ジョンの素敵な作品の当選者を抽選します」と、事前に聞かされていなかったことをアナウンスしました。そこにあった巨大なブランデーグラスのなかには昔の映画のチケットのような紙がたくさん入っていて、それぞれに数字が印刷されています。私はグラスに手を入れて二百枚ほどの紙をかき混ぜました。そしてそのなかの一枚を摑んで取り出したものの、数字が小さすぎて私の視力では読めず、そのままアンに手渡しました。

アンは紙を見て五、六桁の数字を読み上げました。そして「この番号のチケットをお持ちの方はいますか?」と呼びかけました。でも、だれも名乗り出ません。そこでふと、私もギャラリーに入るときにチケットをもらったことを思い出しました。私は上着のポケットに手を入れて、自分のチケットの数字を確認しました。すると、みなさんもうお察しの通り、そこには当たりの番号が書かれていたのです。どういうことかと会場はどよめきましたが、アンは、公正に引き当てたのだからこれはこれで、さらにもう一人当選者を発表しましょうと提案しました。

私は再び巨大なグラスのなかの紙をかき混ぜ、一枚摑んでアンに手渡しました。アンが番号を読み上げると、長い沈黙のあと、奥にいた私の父が歩み出て「またやってしまったな。それは私のチケットの番号です」と言いました。二百枚のなかから二枚しかない自分と父の当選番号を連続で引き当てるのは、確率的に四万分の一の出来事

図41／ラッセルが当選した絵画。ジョン・グロス作〝オランダの少女にキャンディをあげるアメリカ兵〟

図42／ウィリアム・ターグが当選した絵画。ジョン・グロス作〝闘牛〟

です。この驚きのシンクロニシティが起きた記念として、私はいまでも二枚の美しい水彩画をデスクの上に飾っています。

これは信じられない出来事でしたし、それから七十五年が経ったいまでも、私はシンクロニシティについて考え続けています。精神科医・心理学者のカール・グスタフ・ユングと偉大な物理学者のヴォルフガング・パウリは共著『自然現象と心の構造―非因果的連関の原理』（注1）で非因果的に起きる不思議な出来事、つまりシンクロニシティについて説いています。ユングはシンクロニシティや予知夢を体験している患者を診るなかで、こうした現象に興味を持つようになったそうです。一方、パウリは自身で幾度となく予知夢を見たことで、通常の因果関係の概念が覆されるという、物理学者にとって大きな問題に直面しました。さらにパウリは、精密な実験を行うときに自分が近くにいるだけで、その実験がほぼ確実に失敗するという現象【訳注／物理学界ではジョークとしてパウリ効果と呼ばれる】が起きることにも気づいていました。これは心霊現象研究において、その人がいるだけで物事が良い方向に向くという〝サイ・コンデューシヴ・パーソナリティー〟とは相反する現象と呼べるものです。

シンクロニシティと言えば、実はスターゲイトは十一もの偶然が重なった結果誕生したプロジェクトなのです。これについては、のちほどスターゲイト・プロジェクトの話のなかで触れようと思います。こうしたテーマを扱った本には、アーサー・ケストラーが著した『偶然の本質』（注2）というすばらしい一冊もあります。

一九五四年、私のなかで〈ヒューバーツ・アーケード〉はもう遠い過去の思い出になっていました。クイーンズ・カレッジ（ニューヨーク市立大学クイーンズ校）に進学していた私は、心理学の講義から多くを学び、物理学の学位を取得して卒業しました。とりわけ異常心理学の講義は私にとってもっとも啓発的と言えるもので、のちにサイキック能力の開発を教える際にはそこで学んだことが大いに役立ちました。

一九五六年、コロンビア大学の大学院生としてうだつが上がらない日々を過ごしていた私は、二年目のこの年に大学院を去ることを決めました。追い出されたわけではありませんが、コロンビア大学が力を入れていた理論物理学者になるためには、私がクイーンズ・カレッジでしてきた準備は不十分だったことが浮き彫りになったのです。このとき、私は二十二歳でした。

ちょうどその年、コロラドの実業家でアマチュア催眠術師でもあったモーリー・バーンスタインが、催眠術をかけて顧客の女性に前世を語らせたとする内容の本を出版して世間を賑わせていました。その女性は自分の前世はアイルランド人で、ブライディ・マーフィという名だと話したそうです。このバーンスタインの著書『第二の記憶：前世を語る女／ブライディ・マーフィ』は瞬く間にベストセラーとなりました。私はバーンスタインの公開講座を受講するために、東五十三丁目にある大きな茶色い建物が目印のニューヨーク神智学協会を訪れました。

そこで知ったのは、一八七五年に神智学協会を設立したヘレナ・P・ブラヴァツキーは、まさに私が関心を寄せていた分野を追究していた人物だということでした。ブラヴァツキーはかつて〝神智学協会が目指すのは、宇宙の神秘への理解を深め、人間の秘められた可能性を広げることです〟と述べています。ブラヴァツキーとその同僚で強いサイキック能力を持つアニー・ベサントとチャールズ・W・レッドビーターは、

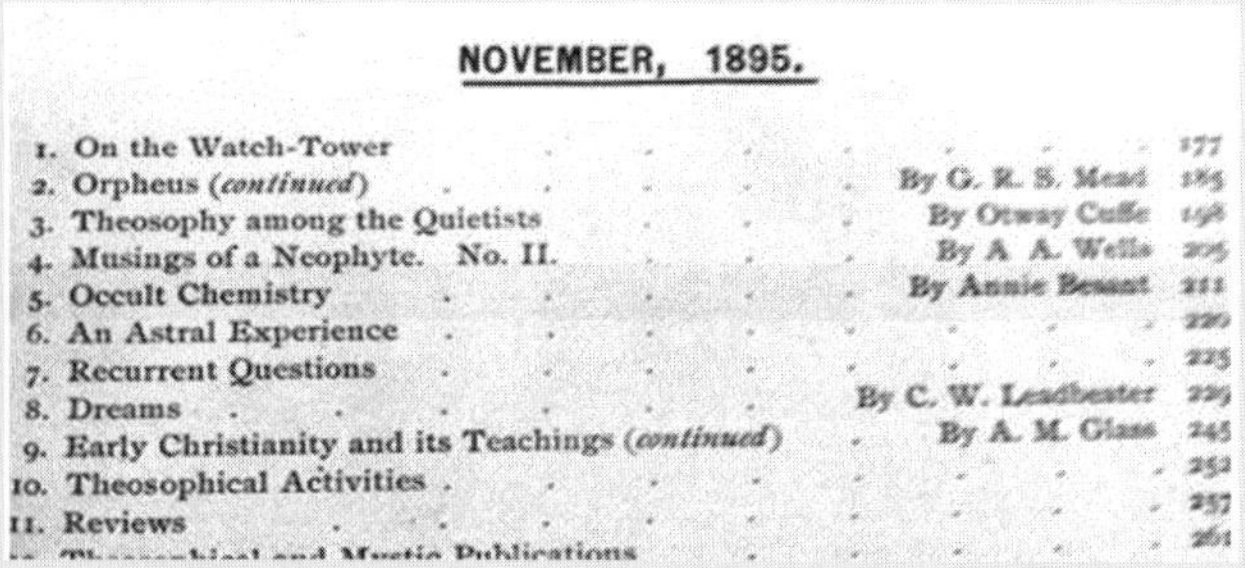

NOVEMBER, 1895.

1. On the Watch-Tower . . . 177
2. Orpheus (*continued*) . . . By G. R. S. Mead 185
3. Theosophy among the Quietists . . . By Otway Cuffe 198
4. Musings of a Neophyte. No. II. . . . By A. A. Wells 205
5. Occult Chemistry . . . By Annie Besant 211
6. An Astral Experience . . . 220
7. Recurrent Questions . . . 225
8. Dreams . . . By C. W. Leadbeater 229
9. Early Christianity and its Teachings (*continued*) . By A. M. Glass 245
10. Theosophical Activities . . . 252
11. Reviews . . . 257
. . . 261

図43／アニー・ベサントによる元素周期表の最初期のもの。

透視能力《クレアボヤンス》応用の先駆者とされています。第2章でも紹介しましたが、アニー・ベサントはクォークの存在が提唱される六十九年もまえに、サイキック能力で知覚した水素原子のスケッチを神智学協会の機関誌『ルシファー』に発表しています。（注3）

その日から、私は神智学協会で瞑想を学び始めました。やがて、私はサー・ジョン・ウッドロフ（アーサー・アヴァロンというペンネームでも知られています）の大きな図解入りの本で紹介されていたクンダリーニ瞑想に興味を惹かれました。その本は『The Serpent Power（蛇の力）』というタイトルで〝すべての人間に秘められた神聖なる宇宙エネルギーを意識する方法〟（注4）を説いています。その宇宙エネルギーとは脊柱に沿った（各チャクラを通る）〝蛇《クンダリーニ》〟のエネルギーで、そこから〝覚醒〟を学ぶことができます。このエネルギーを巡らせる行為は、心地良くもあり、危険でもあります。有名なヨギのゴーピ・クリシュナは、指導者を付けずにクンダリーニ瞑想を実践することの危険性を説いた本を何冊も書いています。

クンダリーニ瞑想が驚くようなエネルギー体験であることはもちろんですが、さらにクラウンチャクラ（第七チャクラ）を開くことで宇宙とつながるような感覚が得られます。でも残念ながら、私は恐ろしいエネルギー体験もしてしまい、それ以来、独自にクンダリーニを探求することからは手を引きました。

この頃、私は当時のアメリカ神智学協会会長、ドラ・クンツと親しくなりました。ドラは現在では看護師たちによって広く実践されているエネルギー療法〝セラピューティック・タッチ〟の発案者の一人です。ドラがこの〝手かざし療法〟とも呼ばれるセラピューティック・タッチを開発するきっかけとなったのは、彼女には磁気を見たり、感じたりする能力が備わっていたことでした。私はオフィスの好きな場所に小さな磁石を隠すように言われ、その能力を目の当たりにしたことがあります。ドラは私が磁石をどこに隠したのかを言い当て、体感で磁気がわかることを説明してくれました。

ドラと知り合ってしばらく経った頃、私はケンブリッジ大学の友人を訪ねるためにイギリスへ渡りました。豪華客船のニューアムステルダム号で大西洋を横断した五日間はすばらしい日々でした。卓球をしたりトランプのブリッジで遊んだり、食事を楽しんだり、それ以外はなにもせずにのんびりと過ごすことができました。

ケンブリッジ大学では、経済学者でキングスカレッジの客員研究員でもある友人のアーノルド・ファーデンが、私が知りたかったことを研究している教授を紹介してくれました。その教授は、人が視覚でフォスフィン（色のついた光）を感じるのに、どれくらいの強さの磁気が必要なのかを測定しているといいます。話を聞く限りでは面白そうだと思いました。でも実際に見せてもらったところ、非常に強力なマイクロ波を発生させるマグネトロンを用いた実験で、私が期待していたものとは違いました。

アーノルドが次に紹介してくれた生物学の研究室では、とても視力の弱い魚として知られるジムナーカスの研究が行われていました。この魚は尾から発した電気を頭部にあるセンサーで感知することで、レーダーのように獲物の位置を捉えることができるそうです。私はこちらの研究の方が、より自分が求めていたものに近いと感じました。さらに、この魚は水に入れた磁石に鉄くずのように吸い寄せられます。つまり、ドラと同じように磁気を感知することができるのです。これで、動物界には磁石が発するような微弱な磁気を直接的に知覚できる種がいるということがはっきりとわかりました。最初に訪れた研究室のように、強力なマイクロ波まで使って感知させる必要はないのです。

私はケンブリッジを離れ、ロンドンの南にあるキャンバリーという小さな町で開催されていた、神智学協会の楽しいサマーキャンプに参加しました。その後、そこからダート・ムーアを経由してランズ・エンドまで行き、神智学協会と関わりのあるイギリス人司教を訪ねました。アメリカに帰るまでの一週間は彼にお世話になったのですが、とても刺激的な日々を過ごすことができました。この章の冒頭でも少し触れましたが、実はこの旅では、私は新車のバイクを手に入れてイギリス中を移動しています。

私がバイクを運転することができたのには理由があります。信頼の国イギリスでは自動車教習所というものがなく、自分で運転を練習するために〝ラーナーズ・ライセンス〟と呼ばれるナンバー・プレートを取得します。さらに、そのナンバーの取得には視力検査がありません。あるのは、ドライバーの人格を判断する筆記試験のみです。筆記試験の最後には、二十五ヤード先のナンバー・プレートが読めるか、という質問がありました。勝手がわからないなかで試験を受けていたことや視力のこともあり、私は質問を二十五フィートと読み間違えていました。そして私は勘違いをしたまま「イエス」と回答したのです。

実際のところ、この四ヶ月間のイギリスの旅では一度もトラブルに見舞われていません。私の50ccのモビレットという原付でも、ケンブリッジから南のランズ・エンドまで無事に走り切ることができました。そしてアメリカに戻った私は、イギリスの運転免許証を持って「イギリスでは道路の右側を走る車すらいない」と免許センターの責任者を説得しました。なんとその結果、私は背中を蹴られて追い出されることもなく、夢にまで見たアメリカの運転免許証を手にすることができたのです。これはさすがに、だれかの反感を買ってもおかしくありませんね。

その年の九月、アメリカに戻った私は初めて給料をもらって仕事をすることになり

図44／（左）ラッセルの50cc モビレット。（右）盲目のバイカーがシリコンバレーで35年間乗り続けたHONDA NIGHTHAWK 250。

ました。ロングアイランドのグレートネックにあるスペリー・ジャイロスコープ社で、マイクロ波エンジニアとして研究をすることになったのです。上司はモリス・エッテンバーグというとてもフレンドリーな物理学博士で、私の自宅近くのリバーサイド・ドライブにあるヘブライ神学校でミドラーシュ（律法）も教えていました。ここに就職することができたのも、コロンビア大学の大学院に二年間在籍していたおかげです。私がサイキック的なものに興味があることは上司のモリスも知っていましたが、変な目で見られることはありませんでした。モリスが私を採用したのは、私が彼と同じマンハッタンのアッパー・ウエスト・サイドに住んでいたことが一番の理由かもしれない、と思ったこともあります。職場から家までの一時間のドライブの間、話し相手ができるからです。

ある日の仕事帰り、夕陽が差し込む車内でうとうとしていると、不意にあるイメージが見えてきました。それは黒地に白い文字でヘブライ語が書かれた文書で、その周りを囲うように赤い花と緑の葉が描かれていました。さらに、その文書がキャンドルとともに楕円形のテーブルに置かれている光景も見えました。ただ、ヘブライ語でなにが書かれているのかは、私には読めません。それをモリスに伝えると、ブルックリンにいる彼の指導者《ラビ》の家のダイニングルームのように聞こえると言います。

翌日、私はリバーサイド・ドライブのモリスの自宅に招かれました。モリスがラビに確認したところ、私が見たものに近い文書が実際にあることがわかり、わざわざブルックリンまで行ってコピーを取ってきてくれていたのです。それはラビが添削したヘブライ語の原稿で、正しい文には緑のチェックが、間違いには赤い丸がつけられていました。それを目にしたときは本当に衝撃を受けました。突然見えたあのイメージは現実のものだったのです。これにはモリスもかなり驚いたようでした。

私の父がアイリーン・ギャレットの自伝を出版したときのことですが、私は西五十七丁目の彼女のオフィスを訪ね、超心理学財団がその研究をまとめて発行した単行本『Mind, Matter, and Gravitation（心と物質、そして引力）』をいただきました。その本のなかで、彼女はスウェーデンの物理学者ハーコン・フォルワルドが行った念力《サイコキネシス》実験を紹介しています。その内容は、斜面を転がるサイコロの軌道にサイコキネシスで影響を与えられるかを検証する、というものでした。このフォルワルドの実験は十分に整えられた条件の下で数年間にわたり行われ、サイコキネシスの存在を裏付ける検証結果が得られたそうです。

私はアイリーンから、フォルワルドが実験に用いたような軌道測定装置を製作して欲しいと依頼されました。私はそれを引き受け、十個のサイコロが風防で覆われた傾斜台を転がり落ち、その軌道を測定するという装置を製作しました。アイリーンと彼女の研究所の所長カーリス・オシスがその装置を使って実験を行ったところ、フォルワルドと同様の結果を得ることができたそうです（超心理学財団には現在もこのよく

図45／霊媒師・超心理学者として半世紀にわたり活動したアイリーン・ギャレット。

できた装置が保管されているはずです）。

スペリー・ジャイロスコープ社で私が担っていた仕事は、電子ビームを使ってマイクロ波を増幅させる〝進行波管《しんこうはかん》〟と呼ばれる真空管の設計でした。私はそこで、サイコロのような物質の代わりに低速電子を使えば、弱いサイコキネシスでもその軌道に影響を与えることができるのではないかとひらめきました。そしてモリスの協力を得て極めて低速のビーム管を制作したところ、私のようなただのエンジニアでもサイコキネシスでビームを左右に動かせることが実証されたのです。私はこの装置を〝プラズマトロン〟と名付けました。チャートとし

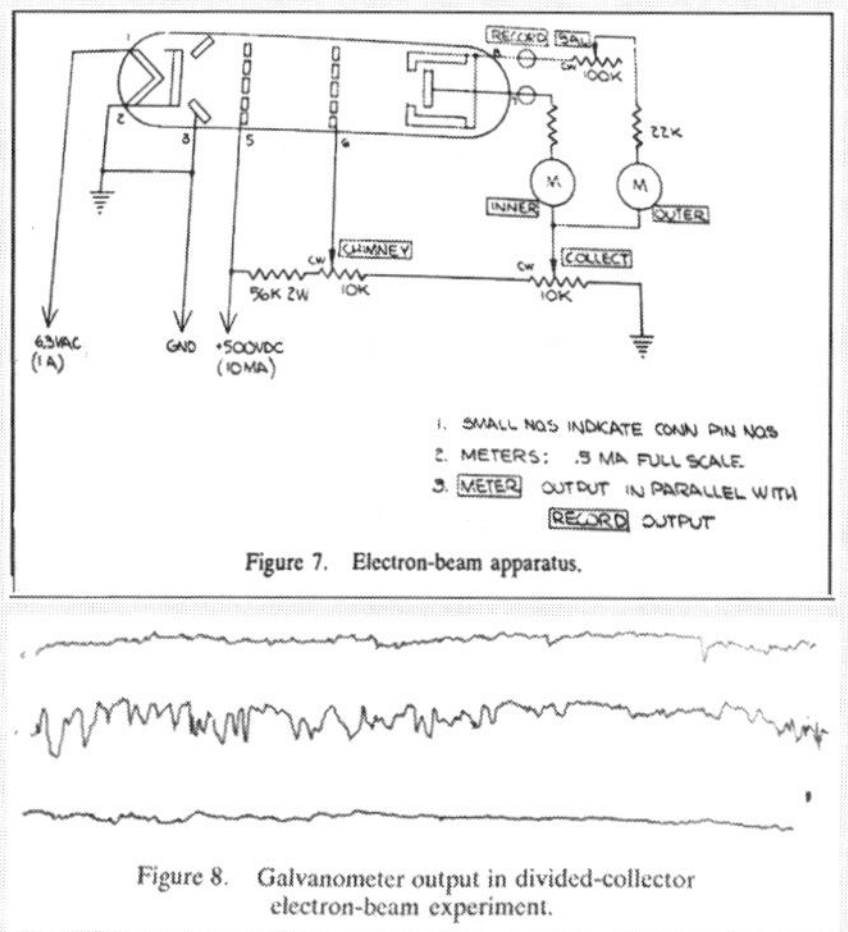

Figure 7. Electron-beam apparatus.
Figure 8. Galvanometer output in divided-collector electron-beam experiment.

図46／電子ビームの概略図と発表したデータ。

て記録したそのときの実験結果は、宇宙飛行士のエドガー・ミッチェルの著書『Psychic Exploration』（注5）に寄稿しています。

一九五八年、単核症に罹り入院していた私のところに、コロンビア大学時代の友人、ゴードン・グールドが訪ねてきました。彼は、私がモリス・エッテンバーグと高出力のマイクロ波の研究開発に没頭する日々を送っていることを知っていたようです。ゴードンはロングアイランドにＴＲＧ（Technical Research Group）という新会社を設立して、世界初のレーザーの開発に取り組んでいるところでしたが、私には三年ほど、レーザー光源に必要な気体中のマイクロ波放電を扱った経験がありました。

それを機に私はTRGに移り、世界で初となるレーザー研究所の立ち上げに携わることになります。結果から言えば、私たちは競合相手に先を越されてしまいました。世界初のレーザーは一九六〇年五月十六日、カリフォルニアのヒューズ研究所のセオドア・メイマンによって開発されました。彼は、ルビーの結晶に明るいフラッシュライトを当てて励起《れいき》するという方法でこのレーザーを実現させています。とはいえ、とても価値のあるレーザー特許は最終的にゴードン・グールドが取得できたのですが、それには私と同僚のジェラルド・グロソフが初のレーザー増幅器（水銀とクリプトンを使用）を開発したことが一役買っているはずです（ゴードンはレーザー技術の最初の特許出願をしていましたが、特許を巡るベル研究所との争いに勝利したのは一九八七年のことでした）。TRGに勤めた三年の間に、私はほかにも多くの世界初を達成することができました。

一九六二年、私は結婚して妻の二歳の娘、エリザベートの父親になりました。当初、妻のジョーンは雪の降るマンハッタンのマンションの十二階で、とても成長の早い娘の育児に追われていました。妻はかつて暮らしていたカリフォルニアの陽気な気候を恋しく思っていたようで、それを知った私は新しい仕事を探すことを決めました。

幸いなことに、次の仕事は苦労することなく見つかりました。『サイエンス』誌の求人欄に、レーザー研究施設の設立を計画している企業がいくつか掲載されていたのです。そのなかにはカリフォルニアに拠点を置いている企業も多くあり、パロアルトにある二社に応募書類を出したところ、どちらも面接のための交通費を快く負担してくれることになりました。そして面接の結果、私はマウンテンビューに大きな研究開発施設のあるシルバニア社を選び、とても和気藹々《あいあい》とした環境で仕事をする日々を過ごしました。それから数年が経った頃、私はＡＲＰＡ【訳注／現在の国防高等研究計画局（ＤＡＲＰＡ）】が千ワットのレーザーの開発を検討していることを知り、とても心惹かれました。実は以前、マサチューセッツ工科大学のＭＩＴリンカーン研究所でそのようなCO_2レーザー装置を見たことがあったのです。でもその装置には、全長が百フィートもあるという問題がありました。

そこで私は、一メートル四方というサイズでレーザー装置を作れないかと考えました。大きなファンと自動車用の熱交換器を使って装置の冷却ができるように設計し、ほかの二名の技術者とともに、ほぼ一年がかりでこのレーザー装置を完成させることができました。一九六九年、私たちの開発したレーザーの出力は千ワットを突破し、ニューヨークの21クラブで記者会見も行いました。〝ガス・トランスポート・レーザー〟と名付けたこのレーザー装置の開発プロジェクトは大成功を収め、最初の一台はゼネラル・エレクトリック社が機関車のシリンダーを熱処理する用途で購入してくれることになりました。ちなみに、私が最終的に勤めることになるロッキード・ミサイル・アンド・スペース社も一台購入しています。

図47を見ていただけるとわかると思いますが、開発当初、私たちのレーザー装置はかなり大きなものでした。照射部分の横には、レーザーの長さを計測する一メートルの目盛りがあります。うしろに見える大きな円筒形の装置が冷却用の循環ファンです。そして図48の写真は、陸軍からの訪問客がレーザーの出力を疑っていたので、フルパ

図47／シルバニア社の研究所で開発した1,000ワットの Co2レーザー装置。1969年当時では世界最高出力のレーザーだった。

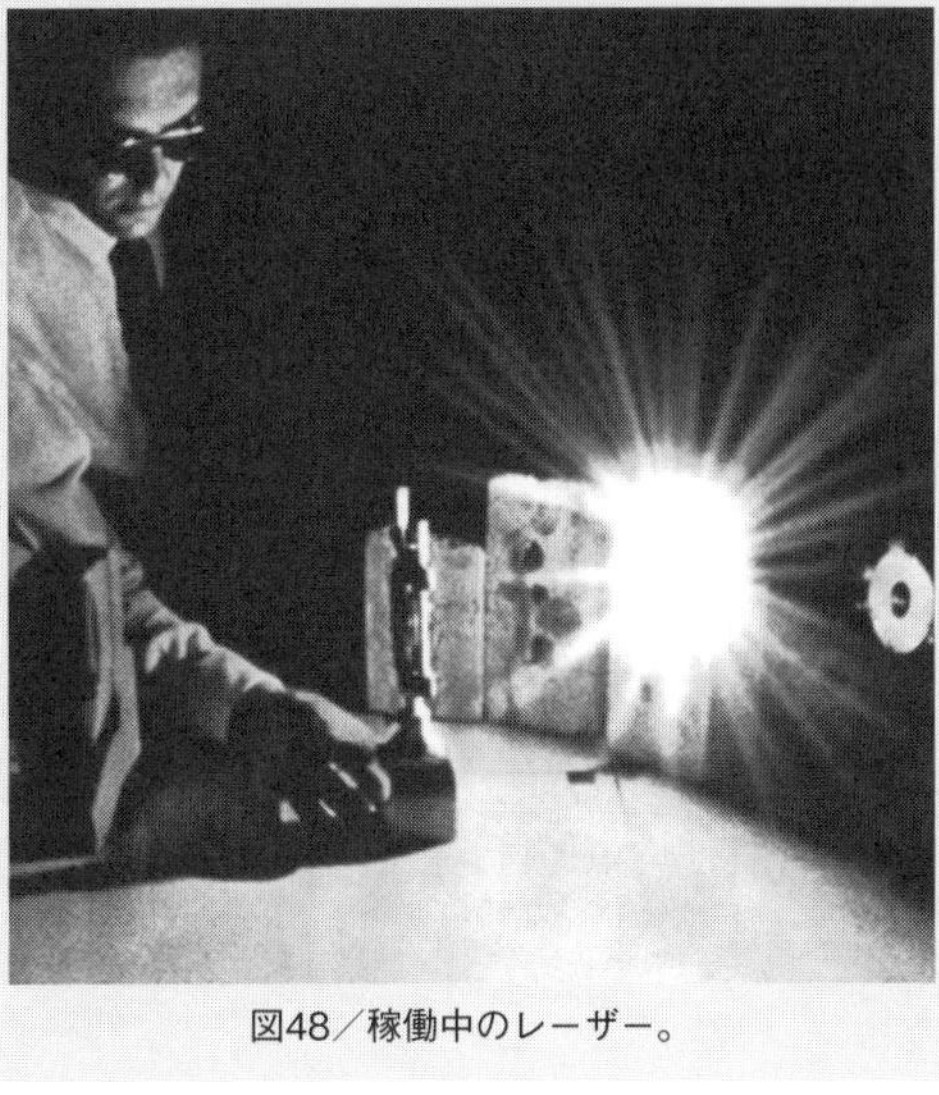

図48／稼働中のレーザー。

ワーで照射してレンガに穴を開けてみせているところです。その後、その訪問客に真っ赤に光る穴が開いたレンガを手渡しました。彼はレーザーの出力に納得してくれたのですが、私はそのときの紫外線で角膜を痛め、一時的に雪目に似た状態になってしまいました。私の黒メガネは千ワットのレーザーから目を保護することはできても、赤熱したレンガからの紫外線までは防げなかったのです。

レーザー技術に携わり十年が経った頃、私はハイスクール時代からかじってきた超心理学を本格的に研究してみたいと考えるようになりました。それまでの人生経験から、サイキック能力は人間に備わる自然な力だという確信もありました。ESPトレーニング・マシンを制作した経験から、多くの人のサイキック能力開発をサポートすることができると感じてもいました。私は輝かしいレーザー開発のキャリアを捨てて、新たな試みに挑戦することにしたのです。

一九七二年四月、私はCIAのライフサイエンス部の責任者であるキット・グリーン博士を訪ねました。博士は私の友人のアンドリヤ・プハリッチに東側諸国のESPデータを提供してサポートを行っていたので、サイキック能力には多少なりとも興味を持っているだろうと思ったのです。でも、博士に会っても実質的にはなにも変わりませんでした。ちょうど同じ頃、私の友人のジーン・ミレイがバイオフィードバック【訳注／血圧や心拍数などを測定し、それを音や画像などの情報に変換して本人に知覚させることにより、心身の状態を意識的に制御する技法】によって脳波を同期させるという機器の実演をエサレン協会で行っていました。脳波をアルファ波にシンクロ（位相同期）させると、人は自ずと驚くほど他人に対して共感的で思いやりを持てる状態になります。ジーンは脳波の同期《シンクロナイゼーション》を研究していましたが、私はこの直後に多くのシンクロニシティを経験することになります。

私はジーンからエサレン協会に招かれ、ＥＳＰトレーニング・マシンの実演と、アメリカとソ連のＥＳＰ研究について講演を行うことになりました。これは父の七十歳の誕生日を祝うパーティーでシーラ・オストランダーとリン・シュローダーと対面して以来、私がずっとやってみたかったことでもありました。二人は共著で『ソ連・東欧の超科学―新時代の超能力革命』（注６）という本を書いていて、パーティーではその内容についていろいろな話を聞かせてもらったのを覚えています。

ジーンから依頼された講演を行ったあと、私はエサレン協会の設立者でマネージャーのマイケル・マーフィーと面会しました。翌日、私は新しい友人となったマイケルからさっそく電話をもらいました。彼は次の日、サンフランシスコのグレース大聖堂でアメリカとソ連のESP研究について講演を行う予定だったのですが、急に体調を崩してしまったので私に代わって欲しいと言うのです。たまたま同じ内容の講演をする人間と出会って連絡先を交換した翌日、突然代役が必要になるなんて、これはただの偶然なのでしょうか?

もちろん、私は快諾しました。翌日、サンフランシスコでの講演を終えると、私のところにアート・リーツと名乗る人がやってきました。彼はNASAの新プロジェクトの管理者で、五月にジョージア州沖のセント・シモンズ・アイランドで行われる〝スペキュラティブ・テクノロジー〟についての会議を主宰していた人物でした。なんでも、たまたまグレース大聖堂のまえの通りを散歩していたら、アメリカとソ連のESP研究についての講演があるのを目にして来場したそうです。彼は私の講演を気に入ってくれたようでした。そしてさらに、彼の主宰する会議でも講演を行ってみないかと言うのです。物理学者でもある私は歓迎されるかもしれません。もちろん、私は喜んでこのまたとないチャンスを摑むことにしました。これもただの偶然なのでしょうか？

翌日、パロアルトの地元紙を読んでいると、ＳＲＩのレーザー研究者ハロルド・パソフがアメリカとソ連のＥＳＰ研究についての講演を行うという記事が目に留まりました。私はスタンフォード大学で行われたその講演に足を運び、そこでハロルドから声を掛けられました。同じレーザー開発者として、彼は私のことを知っていたのです。私はＮＡＳＡの会議に出席することを話したうえで、もしＮＡＳＡからの資金提供を取り付けることができたら、私をＳＲＩに加えて共同でＥＳＰ研究プロジェクトを立ち上げないかと持ち掛けました。すると、彼は快諾してくれました。

セント・シモンズ・アイランドの会議では、私はスペース・エンジニアの祖、ヴェルナー・フォン・ブラウンと話す機会にも恵まれました。彼の祖母には驚くほどのサイキック能力があったらしく、それを受け継いだのか、彼自身も私が持参したＥＳＰトレーニング・マシンで優秀なスコアを出しました。彼は嬉しそうにマシンが正解を告げるベルを何度も鳴らしていましたが、そんなことができた人は非常に稀です。

私はフォン・ブラウンに、宇宙飛行士が宇宙船の異変を予知して事故を未然に防げるようにESPを教えたいこと、そのためにはNASAの支援が必要だということを話しました。彼はそのアイデアを高く評価し、私は当時のNASA長官、ジェームズ・フレッチャーに紹介されました。フォン・ブラウンのこの行動は、パワー・スイッチの過熱が原因で酸素タンクが爆発するという、二年前のアポロ13号の大事故を振り返ってのことだったのかもしれません。

私のアイデアに共感したフレッチャー長官はフォン・ブラウンの提案に合意し、SRIでプロジェクトを立ち上げることを条件に、NASAから八万ドルの資金援助をすると申し出てくれました。

ちょうどそのとき、私たちのまえを歩いていた宇宙飛行士のエドガー・ミッチェルが話を聞いて立ち止まり、SRIのウィリス・ハーマンと一緒に純粋知性科学研究所（IONS）を設立するので、自分たちもぜひ協力したいと声を掛けてくれました。

翌週、私とハロルド、ミッチェル、ハーマンの四人は当時のSRIの社長、チャー

図49／NASAのスペキュラティブ・テクノロジー会議（1972年）でのヴェルナー・フォン・ブラウン。

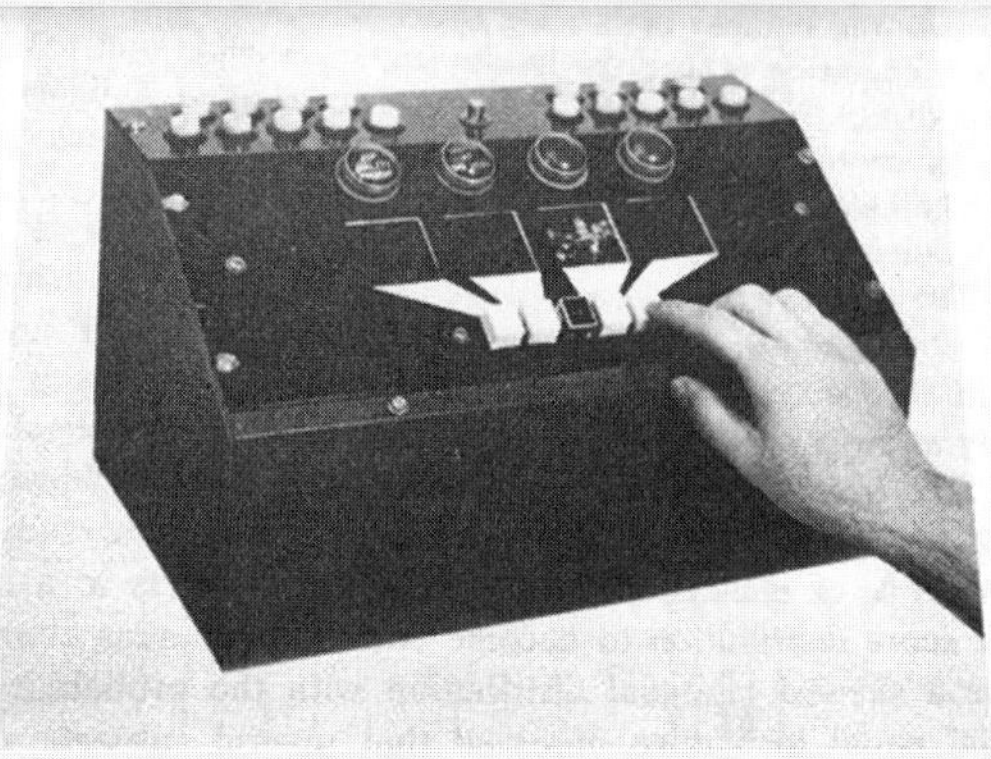

図50／ヴェルナー・フォン・ブラウンが試した初期のESP トレーニング・マシン。

図51／スターゲイト・プロジェクトの偉大な三人の立役者：パット・プライス（サイキック・ポリスマン）、ヘラ・ハミッド（最高スコアをマークした対照群の被験者）、インゴ・スワン（リモート・ビューイングの父）。

ルズ・アンダーソンのオフィスで面会しました。私は義弟のボビー・フィッシャーが出場する一九七二年度世界チェス選手権をアイスランドで観戦する予定だったので（彼は優勝しました！）、帰国する九月からNASAの資金援助を受けてSRIでプロジェクトを開始するということになりました。こうしていくつもの偶然が重なった結果、SRIのスターゲイト・プロジェクトが始まったのです。

私はSRIで一九八二年まで研究を続けたのち、退所後にキース・ハラリー、アンソニー・ホワイトという二人のパートナーとともにデルファイ・アソシエイツという会社を立ち上げました。アンソニーは実業家でもある投資家、キースは心理学者であると同時にとても優秀なサイキック能力者で、SRI

のプロジェクトで数年間、研究者とリモート・ビューワーの両方を務めていました。デルファイ・アソシエイツは私たちのイマジネーションをそのままかたちにした会社で、三年という存続期間のなかでサイキック能力に関する二つの大規模プロジェクトと、数多くの小規模プロジェクトを実施しました。

最初の大きなプロジェクトは、サイキック能力者と投資家がチームを組み、市場取引でお金を稼ぐことができるかを検証するというものでした。そしてもう一つはシリコンバレーのゲーム会社であるアタリ社からの依頼で、サイキック・ビデオゲームを開発するというプロジェクトです。これには、実に三年間を費やしました（二十億ドルだったアタリ社の市場価値が一九九五年秋にはゼロにまで落ちるなか、私たちの会社は実際に報酬を得た数少ないコンサルタントの一つでした）。

私たちの市場予測プロジェクトに、スピリチュアルに造詣が深く熱心な大物投資家ポール・テンプルと、知性に溢れ大胆不敵な株式ブローカー、ジョン・レンデという心強い仲間が加わってくれたのは本当に幸運でした。サイキック能力で数字や文字を読み取ることは非常に困難なので、翌週の商品取引所の掲示板を透視するというやり方は最初から考えていませんでした。

そこで、私たちはメビウス・ソサエティのステファン・シュワルツが提唱した象徴化のプロセスを試してみることにしました。シュワルツの著書『Opening to the Infinite』（注7）のなかで紹介されているこのプロセスに従って、私たちは翌週に市場が提示し得る状況（価格）を大きく四つのパターンに分け、それぞれを表すシンボルを割り当てました。たとえば〝十二月の銀〟という商品（十二月に入るまえならいつでも買うことができる）が〝少し上がる〟（四分の一以下）〝大きく上がる〟（四分の一以上）〝少し下がる、または変わらない〟〝大きく下がる〟という四つの状況のどれになるのかを一週間前に知りたい場合、四つのシンボル（電球、花、本、ぬいぐるみなど）でそれぞれの状況を表すのです。

一週間の試行期間中、アンソニー・ホワイトは毎週四つのシンボル（ターゲット）を用意し、それぞれ市場の四つの状況に当てはめました。私とキースはインタビュアーとリモート・ビューワーとして試行するため、プロジェクトの進行はアンソニーが担います。

四つのシンボルを知っているのはアンソニーだけです。そしてもちろん、どのシンボル（市場の状況）が正解となるかはだれにもわかりません。私はインタビュアーとして月曜日にリモート・ビューワーのキースと電話でのセッションを行い、金曜日に見ることになるシンボルの印象を口頭で伝えてもらいます。そしてブローカーはそのシンボルが表す市場状況に基づいて、銀の先物取引を行います。これが四日間の市場の動きを象徴化して行う未来予知のプロセスで、こうした連想型のリモート・ビューイングは〝アソシエイティブ・リモート・ビューイング〟（ＡＲＶ）と呼ばれます。そして週が明けて銀の終値が決定したら、実際の市場の状況を表すシンボルをリモート・ビューワーに見せてフィードバックを行います。

私たちは一九八二年秋に九回の試行を行い、結果的にすべてが的中していますが、そのうちの二回はブローカーが私たちの予知結果を無視しています。最終的に私たちは二十四万ドルの利益を得て、デルファイ・アソシエイツ社と投資家に均等に分配しました（一九八二年当時の二十四万ドルは大金でした）。実際、このプロジェクトは当時の『ウォール・ストリート・ジャーナル』紙の一面で紹介され、ジャーナリスト

図52／『ウォール・ストリート・ジャーナル』紙の一面記事。

のエリック・ラーソンが〝サイキック集団が銀先物で大儲けか？〟という見出しで記事を書いています。(注8)

一九八三年、テレビプロデューサーのトニー・エドワーズが手掛けるBBCの科学ドキュメンタリー番組『ホライゾン』で、私たちの特集が組まれました。この特集はのちにPBSの番組『ノヴァ』でも「The Case of ESP」というタイトルで放映されました。最初にイギリスのBBCで放映されたものは九十分番組ですが、アメリカのPBSでは五十五分のコンパクト版に再編集されています。WGBH－TV

【訳注／マサチューセッツ州ボストンに認可された公共放送サービス（ＰＢＳ）メンバーのテレビ局】から聞いた話では、アメリカはイギリスに比べて飽きっぽい視聴者が多いので短く再編集する必要があり、ＢＢＣのオリジナル版から実際のリモート・ビューイングのセッションのシーンをカットしなければならなかったそうです。

「The Case of ESP」はＰＢＳで一九八四年から一九九五年にかけて頻繁に放映されましたが、その後、なぜかＮＯＶＡのアーカイブから消えてしまいました。それだけでなく、この番組を制作したボストンのＷＧＢＨや販売元であるタイムライフブックスのアーカイブからも消えていました。私の机の上には番組のビデオテープやＤＶＤが何本かあるので、夢を見ていたわけではないのは確かです。興味深いことに、一九九五年という年はＣＩＡがスターゲイト・プロジェクトを廃止し、機密扱いを公式に解除した年でもあります。なぜ私たちの番組が削除されたのかについては、これまで一切説明されていません。これは私の推測ですが、ＣＩＡがＮＯＶＡに圧力をかけて番組のデータを破棄させたのではないかと思っています。このような完全な消去は、アメリカでの唯一の著作権者のＮＯＶＡにしかできないはずだからです。

実は、私たちはその翌年の銀の先物取引では予測を的中させることができませんでした。原因はおそらく、投資家たちが試行を週二回のペースに変更することを望んだためだと思われます。この先物取引の未来予知では、リモート・ビューワーは前回の試行のフィードバックをタイムリーに受けることができません。個人的な見解としては、私たちは巨万の富を目のまえにして欲に呑まれ、サイキック能力に対する科学的な焦点を失っていたのかもしれません。うまくいかなくなってしまった原因について、私たちにはそれぞれの意見がありましたが、成功したのはたまたまだったのだと言われることには皆とてもうんざりしていました。

幸いなことに、一九九六年には再び銀の先物取引で成功を収めることができました。このときは、スピリチュアル・ヒーラーで私と共著書も書いている保健学博士のジェーン・カトラ、そして数学者のディーンとウェンディ・ブラウンという三人の友人たちと市場の予測を行っています。私たちはとても和気藹々《あいあい》とした雰囲気のなか、新たな手順を採り入れたプロセスで銀の先物取引を行い、十二回の試行のうち十一回も予測を的中させることができました。

このときは毎週、私とジェーンは各々独自に銀の先行きを表すシンボルのセットを用意しました。そしてここで〝リダンダンシー・コーディング〟という新たな手順が入るのですが、それはお互い全く異なるシンボルを用いてはいるものの、私とジェーンの予測（上昇するか下落するか）が一致しなければ、その試行は進めないというものです。このとき得られた統計的に有意という結果は、たとえリモート・ビューワーが未熟な場合でも、この新たな手順を挟むことでそれを補う効果があることを示しています。実は、このときは実際の売買はしていなかったのですが、私たちはお金が絡んでいなくてもこの結果を発表しました。（注9）

私は四十年ほどまえにSRIを退所して以来、世界中を回ってリモート・ビューイングを教えてきました。四年連続でイタリアの占星術のグループから招かれたこともあります。その際は毎年、とても熱心な女性たちが四十人ほど集まりましたが、みなさんリモート・ビューイングに関しては未経験で、セッションではどんなことをするのかも知りませんでした。私は一週間のワークショップを行い、その最後にダブル・

ブラインドのテストを実施しました。これは四枚の伏せられた写真と、四つの封筒に入った写真を正しくマッチさせるというテストです。参加者は一人一人、伏せられた写真について浮かんできたイメージを口頭で描写し、スケッチを描いたあと、一致するであろう写真の入った封筒を選びます。これを繰り返して、最終的に四枚の伏せられた写真すべてを封筒に入った写真とマッチさせるのです。参加者のなかにはより正確な〝リーディング〟をしようと、封筒の上でダウジング【訳注/ペンデュラム（振り子）やL字形のロッドを使って、その動きから隠されたものを探し当てる手法】をする人もいました。

基本的には、四組のうち一組は偶然マッチします。ところが、毎年このグループの参加者は平均で二、三組を正しくマッチさせることができました。つまり偶然の二倍から三倍です。四十人のグループでこの結果が出る確率は千分の一に近く、しかもそれを四年連続で出していることになります。私はこの結果が如何にすごいかを、四年目のワークショップの最後のミーティングで説明しました。

私は参加者のみなさんに、なぜイタリアの女性はアメリカの女性を遥かに凌ぐ結果が出せたのか、心当たりを尋ねてみました。すると私の目のまえに座っていた、お洒落な黒いドレスを着た女性が口を開きました。「イタリアの女性がほかのどの国の女性よりも美しくてセクシーなのはだれもが認めていることでしょう？　こういう能力だってよその国の女性に負けるはずないわ」これは彼女たちの自尊心がよく表れた言葉だと思います。アメリカでこのイタリアの女性たちのような好成績を収めたのは、ダウザー協会の女性グループだけです。もっとも、そのグループはそもそもダウジングをはじめとするサイキック能力を仕事としている人たちです。

図53の写真は、アメリカで行われたＵＦＯ調査会議のメンバーによるリモート・ビューイングのスケッチです。彼らは日頃から超常現象に興味を持っていることもあり、私にワークショップの依頼があったのです。そこでも私はいつも通り、ブリーフケースに面白いものを入れてきたことを告げました。そして「どんな方法でも構わないので、ご自身のやり方で心を静めてください。そのあと、最初に浮かんだイメージを紙にスケッチしてみましょう」と指示しました。これは相手が政府のトップ官僚であろうとサイキック能力者であろうと、私が五十年間続けてきたやり方です。

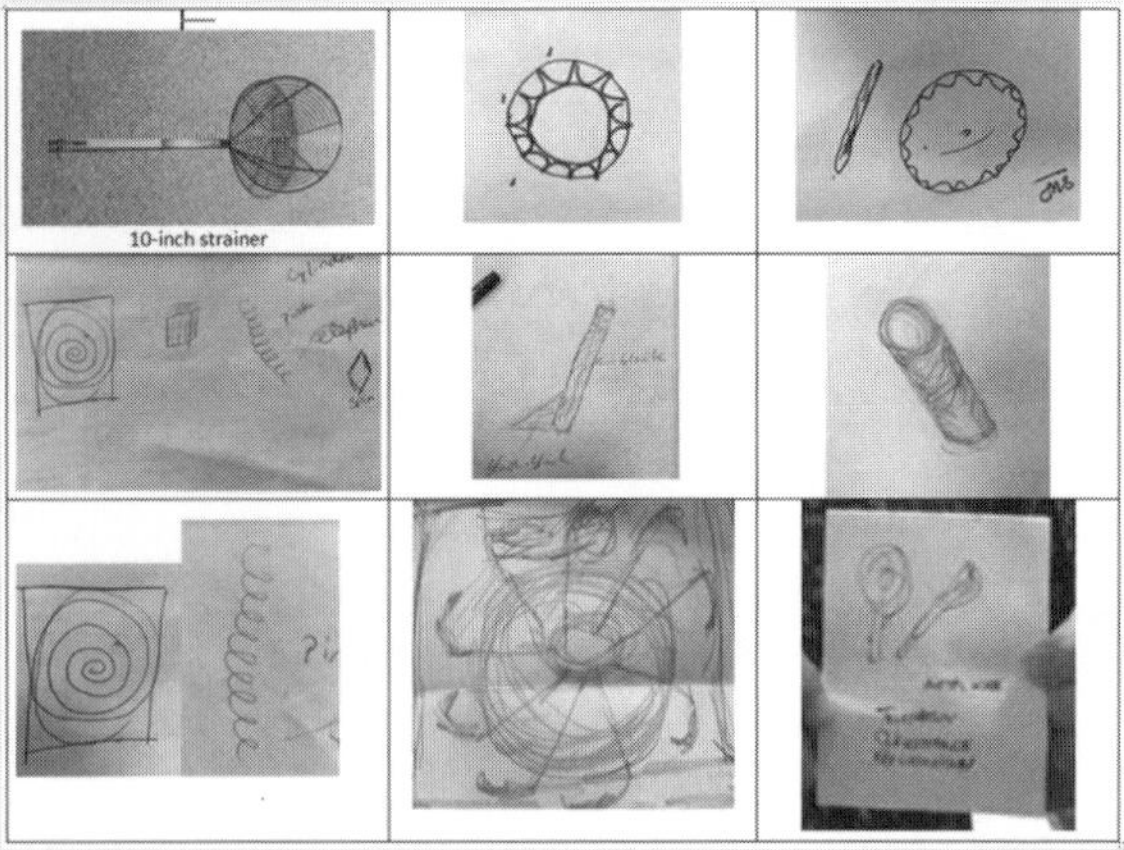

図53／2020年のワークショップでUFO研究グループの参加者が描いたスケッチの一部。

私は当然、ブリーフケースになにが入っているのか知っていたので、これはダブル・ブラインドではありません。でも、無意識にヒントを与えてしまわないということに関しては熟達しています。このＵＦＯウォッチャーのグループはターゲットがむずかしいものだったにもかかわらず、とても優秀な結果を出しました。私のブリーフケースに入っていたのは、かなり大きなパスタストレーナー（麺類を湯切りするザル）でした。図53の左上が実際に用意したパスタストレーナーの写真です。

パドマサンバヴァ　８世紀頃
〝時を超越した意識こそ人の本質であり、
因果に縛られることはない〟（図54）

パドマサンバヴァ

八世紀頃、インドの大行者として知られていたパドマサンバヴァは、チベットで起きていた宗教間の対立を終わらせるために国王に招かれました。パドマサンバヴァが説いたのはゾクチェンの教えで、それは〝人の根源である心の本質には、あらゆるものを自然に反映する鏡のような力がある。それはまさに観想《かんそう》の本質でもある。正すことや改めることではない。観想に入る行者がすべきなのは、ただ鏡としての自己を見出すことである〟という、一般的な宗教とはやや異なるものでした。（注1）これは広く読まれているパドマサンバヴァの瞑想の書『Self-Liberation through Seeing with Naked Awareness（ありのままの意識で観ることによる自己解脱）』に書かれている教えです。

一四世紀にはブッダ、パドマサンバヴァに続く偉大な師として、ロンチェンパことロンチェン・ラプジャムパが現れます。そのロンチェンパが著した『Precious Treasury』シリーズは、ゾクチェンの書の最高峰とされています。その書には神仏は一切登場せず、時を超えた意識と空間のなかに身を置き、解脱を体験してこそ人間の本質に近づくのだと説かれています。これはリモート・ビューワーにとってもまさに理想と言える状態で、心の本質を学ぶなら、ロンチェンパほど優れた教師はいません。ロンチェンパの書籍のなかでもっとも読みやすい一冊には『The Precious Treasury of The Basic Space of Phenomena』が挙げられます。この本は読者の心に直接訴えかける真の伝道の書です。

パドマサンバヴァの時代より遥か昔の紀元前二〇〇年頃、インドのヒンドゥー教の教師パタンジャリは、瞑想によってサマーディ（三昧）という状態に達することができれば、遠く離れた場所や未来を見ることができるようになると説きました。さらには病人を診て、あらゆる病を癒すことができるようにもなるそうです。パタンジャリはサマーディについて多くの言葉を残していますが、そこに到達する方法についてはあまり語られていません。私の考えでは、パドマサンバヴァは実践を通じて時間を超えた意識に達する方法を示しています。あるいは、少なくともそれがパドマサンバヴァの意図のように思えるのです。

リモート・ビューワーの観点から見ても、私たち人間の本質がただの肉体ではなく〝時間を超越した意識〟であることを悟るべきだというのは有益な教えです。人の本質が時間を超越した意識であるなら、瞑想のなかでは時間と空間に縛られずに、好きなところへ自由に意識を飛ばすことができます。そして意識が時間を超越したものであるなら、人は因果の鎖から解放されるのです。私たちのすべての研究データも、リモート・ビューワーの意識があらゆる場所に届くことを示しています。

インタビュアーがリモート・ビューワーに伝える〝意識に浮かんだことをそのまま話してください。なにも修正しようとしないでください〟という言葉にも、そうした意図が込められています。読者のみなさんが本書から少しでもなにかを得て、それを活用していただけることを願っています。

CHAPTER 8
1. H. E. Puthoff, "Feasibility Study on the Vulnerability of the MPS System to RV Detection Techniques," SRI Internal Report (15 April 1979; revised 2 May 1979).
2. Joe McMoneagle, *Remote Viewing Secrets* (Charlottesville, VA: Hampton Roads, 2002).
3. Ingo Swann, *Natural ESP* (New York: Bantam Books, 1987).
4. René Warcollier, Mind to Mind (New York: Creative Edge Press, 1948; Charlottesville, VA: Hampton Roads, 2001), 5 (my italics). Citations refer to the Hampton Roads edition.
5. Upton Sinclair, *Mental Radio* (Charlottesville, VA: Hampton Roads, 2002).
6. Ibid., 104–105
7. Ibid., xi.
8. Robert Monroe, *Journeys Out of the Body* (Garden City, NY: Anchor Press, 1973).
9. Namkhai Norbu, *Dream Yoga and the Practice of Natural Light* (Ithaca, NY: Snow Lion Publications, 1992).
10. Ingo Swann, *Psychic Sexuality* (Rapid City, SD: Ingo Swann Books, 1999).
11. Aleister Crowley, *The Confessions of Aleister Crowley* (London: Penguin Books, 1979).
12. Sylvan Muldoon and Hereward Carrington, *The Projection of the Astral Body* (London: Rider & Paternoster House, 1929).
13. McKinley Kantor, *Don't Touch Me* (New York: Random House, 1951).

CHAPTER 9
1. C. G. Jung and W. Pauli, *The Interpretation of Nature and the Psyche* (London: Routledge & Kegan Paul, 1955).
2. Arthur Koestler, *The Roots of Coincidence* (New York: Vintage, 1973).
3. Annie Besant, "Occult Chemistry," *Lucifer* (November 1895): 211.
4. Sir John Woodroe, *The Serpent Power* (Madras, India: Ganesh & Co., 1928).
5. Edgar Mitchell, *Psychic Exploration* (New York: Cosimo Books, 1974).
6. Sheila Ostrander and Lynn Schroeder, *Psychic Discoveries behind the Iron Curtain* (Hoboken, NJ: Prentice-Hall, 1970).
7. Stephan A. Schwartz, *Opening to the Infinite* (Buda, TX: Nemoseen Media, 2007).
8. Erik Larson, "Did Psychic Powers Give Firm a Killing in the Silver Market?" *Wall Street Journal* (Oct. 22, 1984).
9. Russell Targ, Jane Katra, Dean Brown, and Wendy Wiegand, "Viewing the Future: A Pilot Study with an Error-Detecting Protocol," *Journal of Scientific Exploration* 9, no. 3 (1995): 367–380.

APPENDIX
1. Padmasambhava, *Self-Liberation through Seeing with Naked Awareness* (Barrytown, NY: Station Hill Press, 1989).

原注

CHAPTER 1

1. Ingo Swann and Nick Cook, Resurrecting the Mysterious: *Ingo Swann's "Great Lost Work"* (n.p.: BioMind Superpowers Books, 2020), 151.
2. Edwin May and Sonali Marwaha, *The Star Gate Archives: Reports of the United States Government Sponsored Psi Program, 1972-1995. Volume 1: Remote Viewing*, 1972-1984 (Jefferson, NC: McFarland & Co., 2018), 71.

CHAPTER 2

1. Stephen M. Phillips, "Extrasensory Perception of Subatomic Particles," *Journal of Scientific Exploration* 9, no. 4 (1995): 489.

CHAPTER 3

1. Russell Targ and Harold E. Puthoff, "Information Transmission under Conditions of Sensory Shielding," *Nature* 252 (Oct. 1974): 602–607.

CHAPTER 4

1. Harold E. Puthoff and Russell Targ, "A Perceptual Channel for Information Transfer over Kilometer Distances: Historical Perspective and Recent Research," *Proc. IEEE* 64, no. 3 (March 1976): 329–254.

CHAPTER 7

1. Ludwig Wittgenstein, *Tractatus Logico-Philosophicus* (London: Routledge & Kegan Paul, 1922).
2. Upton Sinclair, *Mental Radio* (self-published, 1930; Charlottesville, VA: Hampton Roads, 2000). Citations refer to the Hampton Roads edition.
3. William Cox, "Precognition: An Analysis," *J. ASPR* 50 (1956): 99–109.
4. Erwin Schrödinger, "Discussion of Probability Relations between Separated Systems," *Proceedings of the Cambridge Philosophical Society* 31 (1936): 555.
5. Lee Billings, "Explorers of Quantum Entanglement Win 2022 Nobel Prize in Physics," *Scientific American* (October 2022).
6. Gertrude Schmeidler, "An Experiment in Precognitive Clairvoyance: Part-1. The Main Results" and "Part-2. The Reliability of the Scores," *Journal of Parapsychology* 28 (1964): 1–27.
7. Charles Honorton and Diane Ferari, "Future-Telling: A Meta-Analysis of Forced-Choice Precognition Experiments," *Journal of Parapsychology* 53 (December 1989): 281–209.
8. Dean Radin, *The Conscious Universe* (San Francisco: Harper Edge, 1997).
9. William Braud, *Distant Mental Influence* (Charlottesville, VA: Hampton Roads, 2003).
10. Zoltán Vassy, "Method for Measuring the Probability of 1 Bit Extrasensory Information Transfer between Living Organisms," *Journal of Parapsychology* 42 (1978): 158–160.
11. Deryl Bem, "Feeling the Future: Anomalous Retroactive Influences on Cognition and Affect," *Journal of Personality and Social Psychology* (December 2010).

著者略歴

ラッセル・ターグ

アメリカの物理学者、作家としても活躍しているほか、レーザーやレーザーアプリケーション開発のパイオニアとしても知られる。コロンビア大学大学院で物理学を研究したのち、レーザー及びレーザー通信の発明と発展に貢献しNASA（アメリカ航空宇宙局）の二つの賞を受賞。1970年代から1980年代にかけて、CIAの資金援助を受けスタンフォード研究所でサイキック能力の調査プロジェクトの設立・運営に携わっていた。そこでリモート・ビューイングと呼ばれる新しい分野の研究を行い『ネイチャー』誌をはじめ『IEEE（Proceedings of the Institute of Electrical and Electronics Engineers）』誌、『Proceedings of the American Association for the Advancement of Science』誌などに論文を発表している。

近年では、国際的な映画賞の受賞歴を持つランス・マンギア監督が手掛け話題となったドキュメンタリー映画『Third Eye Spies』でフィーチャーされた。邦訳された著書には『マインド・リーチ―あなたにも超能力がある（Mind-Reach）』『奇跡のスタンフォード・テクニック（The Mind Race）』などがある。

訳者略歴

岡　昌広

1976年東京生まれ。美容専門学校卒業後、美容師として都内のヘアサロンに勤務。金属アレルギーの発症により転職を考えていた折に、ある占い師の予見を受け翻訳者となる。『魔術の教科書』『魔術の指南書』訳者。

装丁　三瓶可南子
校正　株式会社鷗来堂
組版　株式会社キャップス

リモート・ビューイング

スターゲイト計画の全貌と第三の目を覚醒させる方法

2023年10月31日　第1刷

著　者　ラッセル・ターグ
訳　者　岡 昌広
発行者　小宮英行
発行所　株式会社徳間書店
〒141-8202　東京都品川区上大崎3-1-1
目黒セントラルスクエア
電話 編集（03）5403-4344　販売（049）293-5521
振替 00140-0-44392
印刷・製本 大日本印刷株式会社

ISBN978-4-19-865705-5